第4版

社会科学

Social science

TAC出版編集部編

問題集

TAC出版
TAC PUBLISHING Group

はじめに

　公務員試験が難しいとされる理由のひとつに，「高い教養と優れた人間性の両方が求められる」ということが挙げられます。また，地方初級・国家一般職（高卒者）試験では，1次試験で課される教養試験の合格者のみが面接を中心とした2次試験に進むことができるとされています。つまり，高い志を持って公務員を目指しても，教養試験をクリアすることができなければ，その職に対する熱い思いや憧れ，自分自身の考えを相手に伝えることができません。厳しいことをいうようですが，公務員試験における1次試験は「ゴール」ではなく「スタート」にすぎないのです。だからこそ，何としてもここを突破して，自ら道を切り開いていかなければなりません。

　そのためには，効率よくかつ着実に勉強を進めていく必要があります。「なるべく楽に」と考えるのは人間の性_{さが}ですが，日々努力を続け，一歩ずつ歩_ほを進めた方が確実に合格に近づくことができます。その方法ですが，基礎を学んだ後，問題に数多くあたり応用力を身につけることがよいでしょう。

　公務員試験は出題内容に一定の偏りがあり，そこを重点的に勉強するのはセオリーではあります。しかし，まったく同じ問題が出題されるわけではありません。類似した問題を多く解くことで応用力を培い，同一分野の問題を落とさないようにすることができれば，1次試験合格は決して難しいことではありません。

　本シリーズは，地方初級・国家一般職（高卒者）試験用の科目別問題集です。基礎的な問題から少し難易度の高い問題まで取りそろえました。似たような問題であっても，重要だと思われるものは，繰り返し学習できるように掲載してあります。最初はまったく解くことができない問題もあるかもしれません。ですが，それでいいのです。学習を進めていって，最終的に解くことができるようになれば，合格はもう目の前です。

　「千里の道も一歩から」。

　これこそが，目標達成のための極意といえるでしょう。

　この本を手にした皆さんが，念願の職に就けることを心から願っております。

2024年1月　ＴＡＣ出版編集部

本シリーズの特長

① 科目別の6分冊

地方初級・国家一般職(高卒者)の教養試験で問われる学習範囲を，分野ごとに編集し，「数学・数的推理」「判断推理・資料解釈」「国語・文章理解」「社会科学」「人文科学」「自然科学」の6冊にまとめました。

※国家公務員試験は，平成24年度から新試験制度により実施されています。新試験制度では，「数的推理」は「数的処理」に，「判断推理」「空間把握」は「課題処理」に，それぞれ名称が変更されています。しかしながら，これはあくまで名称上の変更にすぎず（名称は変更となっていますが，試験内容には変更はありません），本シリーズでは受験生の方が理解しやすいように，これまでどおりの科目名で取り扱っています。

② 本試験レベルに近い問題構成

本シリーズは，本試験で出題されるレベルの問題を中心に，比較的平易な問題からやや応用的な問題までをバランスよく掲載しています。これらの問題を繰り返し学習することで，本試験へ向けた問題演習をしっかりと行うことができます。

③ 解答・解説は別冊構成

学習の便を考慮し，解答・解説が取りはずせる別冊構成となっていますので，よりスムーズに問題と解答を確認することができます。

④ 基本事項の確認のために

問題演習を進める中で，分からない事項が出てきた際には，本書のシリーズ『地方初級・国家一般職(高卒者)テキスト』(全6冊) をお使いいただくことによって，基本事項の整理やより深い学習を進めていただくことができます。

●またTAC出版では，国家一般職(高卒者)試験の対策として，以下の書籍を刊行しております。本シリーズとあわせてご活用いただければ，より合格が確実なものとなることでしょう。

『ポイントマスター』(全6冊)

～本試験問題も含め，もっと多くの問題を解いて学習を進めたい方に

『適性試験のトレーニング』

～適性試験対策にも力を入れたいという方に

政治の出題状況

■国家一般職（高卒者）

例年2題出題。基本的人権や国会・内閣・裁判所・地方自治の統治機構，各国の政治制度が頻出。

■地方初級

| 全 国 型 | 例年2〜4題出題。基本的人権，統治機構の他，政治思想や選挙制度などが出題され，より細かな内容が問われることも多い。 |

| 東京23区 | 選択問題で例年3題程度出題。基本的人権や統治機構，各国政治に加え政治思想や選挙制度，時事問題も出題されることがある。 |

＜対策について＞

日本国憲法に書かれていることが中心となるため，憲法は必ず押さえておく。その上で，条文の内容をよく理解し，問題演習を繰り返すことで知識を身につける。また，各国の政治制度や時事問題の出題も見られるので，新聞やテレビ，インターネットなどで常に新しい情報を収集することを心がけよう。

経済の出題状況

■国家一般職（高卒者）

例年2題出題。わが国の財政，税，貿易などの日本経済に関する問題と，企業形態，市場経済などの経済理論の問題が頻出。

■地方初級

| 全 国 型 | 例年2題程度出題。現在の日本経済の問題に加え，日本経済の歴史，国際経済などの問題も見受けられる。 |

| 東京23区 | 選択問題で例年1〜2題出題。経済学史や経済用語の問題が多い。 |

＜対策について＞

日本の経済状況をよく知ることが必要である。財政，金融，貿易などは，ただ暗記するのではなく，常に新しい情報に触れ，なぜそうなっているのかというところまで理解を深めることが肝要である。また，経済学史や日本経済の歴史は，流れをしっかりと覚えておくこと。

現代社会の出題状況

■国家一般職（高卒者）

例年1題出題。現代社会の課題や現在の日本の状況などが出題される。

■地方初級

| 全 国 型 | 例年1題程度出題。内容は「国家一般職」と同様。 |
| 東京23区 | 選択問題で例年1題程度出題。内容は「国家一般職」と同様。 |

<対策について>

問題は時事的な要素が強いが，解答するためには労働，社会保障，人口，環境，国際情勢など，出題される各分野の基礎知識を確実に覚えておかなければならない。その上で，常に世の中の日頃の動きに興味関心を持ち，正確な情報を確認しておく必要がある。

倫理の出題状況

■国家一般職（高卒者）

例年1題出題。鎌倉，江戸，明治大正期の日本の宗教，思想家と，近代以降の西洋思想が頻出。

■地方初級

| 全 国 型 | 出題があって1題，出題されない場合もある。 |
| 東京23区 | 選択問題で例年1題出題。内容は基礎的だが古代から近代，西洋から東洋と出題範囲は広い。 |

<対策について>

代表的な思想家の名前と著作，その思想を表す有名な言葉とその意味は確実に把握しておく。その上で問題演習にあたることで，知識量を増やしていこう。

「社会科学」 目次

政　治

第1章 民主政治

No.1

（解答 ▶ P.1）

民主政治の思想家に関する記述として，正しいものは次のうちどれか。

① ルソーは，人民主権論を主張するとともに，世界平和の原則としての「4つの自由」を説いた。

② トマス＝ペインは，アメリカ独立宣言の起草者で，ロックの抵抗権と権力分立論の影響を強く受けていた。

③ ロックは，『統治論』の中で，自然状態を「万人の万人に対する闘争」の状態であるとした。

④ グロチウスは，『リヴァイアサン』を著して国際法の基礎を築いた。

⑤ モンテスキューは，『法の精神』の中で三権分立論を説いた。

No.2

（解答 ▶ P.1）

法の支配の確立に貢献した人物で，『権利請願』の起草者でもある人物は誰か。

① ブラクトン

② ブライス

③ エドワード＝コーク

④ ホッブズ

⑤ ダイシー

No.3

（解答 ▶ P.1）

近代人権保障に大きな影響を与えた以下の5つを，成立年代の古い順に並べたとき，2番目にくるのはどれか。

① バージニア権利章典

② 『権利請願』

③ マグナ＝カルタ

④ 人身保護律

⑤ 『権利章典』

No.4
（解答 ▶ P.1）

モンテスキューは，ロックの唱えた権力分立の考え方を発展させて，三権分立の考えを示した。この三権分立の目的とは何か。

①　権力集中制の推進

②　国家権力の濫用防止

③　議会における立法権の確立

④　地方政治の独立の確保

⑤　国民主権国家の確立

No.5
（解答 ▶ P.1）

法の支配に関する記述として正しいものは，次のうちどれか。

①　法の支配は，17世紀にイギリスの政治思想家であるホッブズによって体系化された理論で，王権神授説に基づいている。

②　法の支配の考え方は，マキァヴェリが『君主論』の中で説いたのが始まりとされ，その著書によって法の支配の理論が体系化された。

③　法の支配の基本原則は，法に基づいて政治を行うことであり，法の内容そのものが問われる理論であるとはいえない。

④　法の支配と法治主義は，理論的には全く同義のものであり，イギリスで発達したかドイツで発達したかの違いしかないといえる。

⑤　法の支配とは，正しい法による支配を意味するため，自然法の原則に基づかない法は基本的に排除される考え方であるといえる。

次のア～ウは，それぞれ17～18世紀に活躍した政治思想家のルソー，ロック，ホッブズの考え方であるが，その組合せとして，正しいものは次のうちどれか。

ア　人間は，自然状態では弱肉強食の世界を作り出すため，各人が自分自身を統治する権利を放棄して共通の権力を作り，それに絶対的に服従する。

イ　人間は，自然状態では自由であるが，自然状態のままでは権利の保障が不十分なため，人々は相互に契約を結び，国家を組織する。国家が人民の自然権を侵害するときには，人民は国家に抵抗できる。

ウ　国家は社会全体の利益の実現をめざす人民の共通の意志から生まれたものであり，それは譲渡も分割もできない。

	ア	イ	ウ
①	ルソー	ロック	ホッブズ
②	ルソー	ホッブズ	ロック
③	ロック	ルソー	ホッブズ
④	ホッブズ	ロック	ルソー
⑤	ホッブズ	ルソー	ロック

ヨーロッパ近代の政治思想家と，その主著および思想の内容との組合せとして，妥当なものはどれか。

A　政府は人民の信託によって生じ，政府が自然権を侵害するような場合には人民は抵抗権を持つ。

B　人々は平和や秩序のために契約を結んで国家をつくり，各人は国家の統治者である国王に自然権を譲渡して，その絶対的権力に服従する。

C　社会契約によって生まれる主権は，人民の一般意思を表すものでなければならず，それは譲渡も分割もできない。

	思想家	主著	思想の内容
①	ホッブズ	『リヴァイアサン』	A
②	ルソー	『市民政府二論』	C
③	ロック	『市民政府二論』	B
④	ルソー	『社会契約論』	C
⑤	ロック	『社会契約論』	B

以下の政治に関する記述のうち，正しいものはどれか。

① 権力の濫用を防ぐために，権力機関を複数に分割して，お互いに均衡と抑制（チェックアンドバランス）を図る制度のことを権力分立という。

② 代表者を介さずに国民が直接政治に参加する政治形態を直接民主制というが，現代社会では大半の国が直接民主制で政治を行っている。

③ 人権保障を図ることを目的として，権力者の恣意的な支配を排除し，国家権力の活動を法によって拘束する原則のことを，議会制民主主義という。

④ 旧ドイツ帝国や戦前の日本では法の支配に基づく政治が行われていたが，現在は両国とも法治主義に基づいて政治を行っている。

⑤ 18世紀，フランスの政治思想家であるロックは，その著書『市民政府二論』の中で厳格な三権分立論を主張した。

以下の記述は，ある国の政治制度について述べられたものである。該当する国として最も適当なものは，次のうちどれか。

この国は，大統領と議院内閣制を折衷したような政治制度を採っている。大統領は国民の直接選挙によって選出され任期は5年，首相の任免権や国民議会の解散権，非常事態の対処権や憲法改正発議権など強大な権力を持っている。また，議会は上院（元老院）と下院（国民議会）の二院制で，下院には解散がある。

① イギリス

② アメリカ

③ 韓国

④ フランス

⑤ 中国

アメリカ合衆国の政治制度として正しいものはどれか。

① 大統領の弾劾は，上院で訴追された後，下院で裁判されて決定する。

② 下院は予算先議権と，連邦官吏弾劾発議権を持つ。

③ 大統領は，上院議員の中から選挙によって選ばれる。

④ 保守党と民主党の二大政党制である。

⑤ 大統領が首相を任命するときは，上院の同意が必要である。

次の文章はアメリカの政治制度を説明している。正しい文章となる適語の組合せはどれか。

（　A　）は大統領の条約締結や高級官僚任命に対する（　B　）を持ち，（　C　）は予算に対する（　D　）を持っている。

	A	B	C	D
①	貴族院	承認権	下院	決議権
②	上院	決議権	庶民院	拒否権
③	庶民院	決議権	貴族院	拒否権
④	下院	承認権	上院	先議権
⑤	上院	承認権	下院	先議権

以下の記述は，アメリカの政治制度について書かれたものである。正しいものはどれか。

① 選挙制度が大選挙区制のため二大政党制になりやすく，事実共和党と民主党の二大政党制となっている。

② 連邦議会は上院下院の二院制で，上院は各州3人の定員150人，下院は各州の人口比例で定員435人で構成される。

③ 日本の最高裁判所に当たる最高法院は上院に置かれていて，違憲立法審査権を有している。

④ 大統領は国民の直接選挙によって選出され任期は5年だが，憲法の規定で3選は禁止されている。

⑤ 大統領は議会が可決した法案への拒否権は持っているが，日本の内閣が有する法案提出権は持っていない。

アメリカ合衆国では，1803年に違憲立法審査権が確立されたが，きっかけとなった出来事は次のうちどれか。

① ウォーターゲート事件

② ホワイトウォーター疑惑

③ マーベリー対マディソン事件

④ ロッキード事件

⑤ ボストン茶会事件

No.14 (解答 ▶ P.3)

イギリスの政治制度に関する記述として，正しいものは次のどれか。

① イギリスの内閣を構成する閣僚は，その過半数が国会議員でなければならない。

② イギリスの憲法は不文憲法であり，裁判所はその憲法に基づき違憲審査権を行使する。

③ イギリスの野党は，「影の内閣」を組織しなければならないことがイギリス憲法典に明記されている。

④ イギリスの政党は，保守党と労働党の二大政党制であり，それ以外の政党は下院に議席を持っていない。

⑤ イギリスの首相は，下院第一党の党首が選出される。

No.15 (解答 ▶ P.3)

ロシアの大統領制について，誤っているものは次のうちどれか。

① 大統領の任期は6年で，通算2期までである（2020年の憲法改正時に過去の任期はリセット）。

② 首相，大臣の任免権はないが，連邦会議の解散権を持つ。

③ 安全保障会議を主宰し，非常事態の宣言も行う。

④ 国民の直接選挙で選出される。

⑤ 国民投票の実施を決定する。

No.16 (解答 ▶ P.3)

各国の政治制度に関する次の記述のうち，妥当なものはどれか。

① アメリカは厳格な三権分立を採っており，行政府の長は議会によって選ばれるのではなく，国民の直接選挙によって選ばれる。

② イギリスの二院制は，国王によって任命される上院と，小選挙区によって選出される下院からなっている。

③ フランスは大統領制と議院内閣制の混合政体であり，任期5年の大統領に政治的な権限はあまりない。

④ 政党制は大きく二大政党制と多党制とに分けることができるが，二大政党制の典型はアメリカとイタリアである。

⑤ 比例代表制はイギリスに見られるように小党分立制を生みやすく，政権が不安定である。

日本では，議会制民主主義の下で，直接民主主義的な制度も取り入れている。次のうちで，そのような制度とはいえないものはどれか。

① 国会議員は，すべて国民の直接選挙によって選出される。

② 憲法改正には，国民投票による過半数の賛成が必要となる。

③ 地方自治体の主要な役職員を解職する請求ができる。

④ 地方特別法は，住民投票の過半数の同意がなければ制定できない。

⑤ 条例の制定・改廃請求を行うことができる。

第2章 日本国憲法

No.1

(解答 ▶ P.4)

日本国憲法の前文の一部である。適合する組合せとして，正しいものはどれか。

「日本国民は，（　A　）の平和を念願し，人間相互の関係を支配する崇高な理想を深く自覚するのであって，平和を愛する諸国民の（　B　）と（　C　）に信頼して，われらの安全と（　D　）を保持しようと決意した。」

	A	B	C	D
①	恒久	信義	公正	生存
②	永久	公正	信義	生存
③	永久	信義	公正	平和
④	恒久	公正	信義	平和
⑤	恒久	公正	信義	生存

No.2

(解答 ▶ P.4)

日本国憲法の前文の一部である。（　　）内に入る語句の組合せとして，正しいものはどれか。

「そもそも国政は，国民の厳粛な（　A　）によるものであつて，その（　B　）は国民に由来し，その（　C　）は国民の代表者がこれを行使し，その（　D　）は国民がこれを享受する。」

	A	B	C	D
①	信義	権力	権威	福祉
②	信託	権威	権力	福利
③	信義	権威	権力	福利
④	信託	権力	権威	福利
⑤	信託	権威	権力	福祉

以下の文は，日本国憲法の前文の一部である。（　）内に入る語句の組合せとして，正しいものはどれか。

「われらは，平和を維持し，専制と（　A　），圧迫と（　B　）を地上から永遠に除去しようと努めてゐる（　C　）において，名誉ある地位を占めたいと思ふ。われらは，全世界の国民が，ひとしく（　D　）と欠乏から免かれ，平和のうちに生存する権利を有することを確認する。」

	A	B	C	D
①	隷属	偏狭	国際社会	恐怖
②	隷従	偏狭	国際社会	恐怖
③	隷属	恐怖	今の世界	偏狭
④	隷従	恐怖	国際社会	偏狭
⑤	隷属	偏狭	今の世界	恐怖

日本国憲法は「すべて裁判官は，その（　）に従ひ独立してその職権を行ひ，この（　）及び法律にのみ拘束される」と規定し，さらに「裁判官は，（　）により，心身の故障のために職務を執ることができないと決定された場合を除いては，公の弾劾によらなければ罷免されない。裁判官の懲戒処分は，（　）機関がこれを行ふことはできない」と規定している。

次の語句のうち，上の（　）の部分に入らないものはどれか。

① 憲法
② 裁判
③ 行政
④ 良心
⑤ 司法

明治憲法下の天皇について正しいものはどれか。

① 憲法外の機関である海軍軍令部総長と陸軍参謀総長が天皇の統帥権を輔弼した。
② 天皇は議会の立法権を協賛した。
③ 内閣は天皇の行政権を輔弼し，議会に対して責任を負っていた。
④ 裁判所は議会の名の下に裁判を行った。
⑤ 重要な政策に関する天皇の意思決定を補佐した元老・重臣は憲法上の機関だった。

No.6

（解答▶P.4）

大日本帝国憲法にはなく，日本国憲法で初めて規定された権利として，正しいものは次のうちどれか。

①　居住・移転の自由

②　学問の自由

③　信教の自由

④　表現の自由

⑤　集会・結社の自由

No.7

（解答▶P.4）

以下の各条文のうち，大日本帝国憲法の条文でないのはどれか。

①　日本臣民ハ法律ノ範囲内ニ於テ言論著作印行集会及結社ノ自由ヲ有ス

②　日本臣民ハ法律ノ定ムル所ニ従ヒ納税ノ義務ヲ有ス

③　日本臣民ハ法律ニ定メタル場合ヲ除ク外思想ノ自由ヲ侵サルヽコトナシ

④　日本臣民ハ安寧秩序ヲ妨ケス及臣民タルノ義務ニ背カサル限リニ於テ信教ノ自由ヲ有ス

⑤　日本臣民ハ法律ニ定メタル裁判官ノ裁判ヲ受クルノ権ヲ奪ハルヽコトナシ

No.8

（解答▶P.4）

日本政治の特徴として，誤っているものはどれか。

①　国会は国権の最高機関である。

②　憲法を最高法規として位置づけている。

③　国民の権利は法律の留保に基づく。

④　内閣は国会に対して連帯責任を負う。

⑤　予算不成立時は国会の議決により暫定予算を組むようになっている。

日本国憲法の基本原理に関する次の記述のうち，妥当なものはどれか。

① 日本国憲法は，明治憲法の改正手続によって制定されており，憲法制定の国民投票は行われていない。

② 天皇について憲法第1条は「日本国の象徴であり日本国民統合の象徴」であると定めているが，これは明治憲法の規定をそのまま受け継いだものである。

③ 天皇は，国政に関する権能を持たず，国会の助言と承認の下で憲法の定める国事行為のみを行う。

④ 憲法は前文において恒久平和主義を宣言し，憲法第9条で，あらゆる戦争の放棄，戦力の不保持，非核三原則を定めている。

⑤ 日米安全保障条約について，最高裁判所は憲法第9条の定める平和主義に反し違憲であると判断している。

三権分立を確保するために，日本国憲法によって制定されていることについて，正しいものは次のうちどれか。

① 立法部が勝手な法律を作ることを防止するために，内閣総理大臣には法案に対する署名拒否権がある。

② 司法権の独立は認めつつ，立法部の司法に対するチェック機能として，弾劾裁判制度がある。

③ 国会審議中の法案が憲法違反かどうかを判断するために，最高裁判所に違憲立法審査権を持たせている。

④ 各国務大臣は内閣総理大臣が任命するが，大臣にふさわしくない人間を任命しないよう，国会の特別委員会で事前に承認を受けなければならない。

⑤ 内閣に権限が集中しないよう，法案提出権は国会議員だけが有しており，内閣による法案提出は認められていない。

天皇の国事行為に関する記述として正しいものは，次のうちどれか。

① 国会の助言と承認が必要である。

② 三権（国会，内閣，裁判所）は一切関知できない。

③ 形式的儀礼的なものに限定され，単独で行う。

④ 内閣の承認を得なければならない。

⑤ 内閣の助言と承認が必要であり，内閣が責任を負う。

No.12 (解答 ▶ P.5)

次のうち天皇の国事行為に当たるものはどれか。

① 政令の制定

② 条約の公布

③ 外交関係の処理

④ 内閣不信任決議の認証

⑤ 最高裁判所長官の指名

No.13 (解答 ▶ P.5)

以下のうち，天皇の国事行為でない組合せはどれか。

①
- 外交関係を処理すること。
- 恩赦及び刑の執行の免除，復権を決定すること。
- 法律・政令への署名・連署をすること。

②
- 儀式を行うこと。
- 外国の大使及び公使を接受すること。
- 栄典を授与すること。

③
- 国会を召集すること。
- 衆議院を解散すること。
- 国会議員の総選挙の施行を公示すること。

④
- 内閣総理大臣を任命すること。
- 政令，法律，条約及び憲法改正を公布すること。
- 外交文書を認証すること。

⑤
- 最高裁判所長官を任命すること。
- 恩赦及び刑の執行の免除，復権を認証すること。
- 国務大臣の任免を認証すること。

次に挙げる訴訟のうち，憲法第9条をめぐって司法判断が下されたものとして妥当なのはどれか。

① 朝日訴訟

② 『宴のあと』事件

③ 家永訴訟

④ 砂川事件

⑤ 免田事件

日本国憲法第9条についての次の記述で正しいものはどれか。

① 1997年，日米防衛協力のための指針が新しくなり，従来の「日本有事」を中心に想定した内容から，「日本周辺地域での有事」における日米の防衛協力を強化する内容となった。これを受けて，憲法第9条と自衛隊法は大幅に改正された。

② 「戦争放棄」とは，侵略戦争のみならず自衛戦争をも放棄するというのが政府見解である。

③ 「戦力不保持」についての政府見解は，わが国は自衛権は有するのだから，自衛のために必要な最小限度の「戦力」は保持できるというものである。

④ 憲法第9条をめぐる裁判がこれまで何度か行われたが，長沼ナイキ基地訴訟で初めて最高裁判所が自衛隊を違憲と認めた。

⑤ 憲法第9条をめぐる裁判では，高度に政治的な内容であり，裁判所が判断するには適さないという立場をとり，裁判所は判断を回避する傾向があった。

次の中で憲法上明記されている機関はどれか。

① 人事院

② 会計検査院

③ 国家公安委員会

④ 公正取引委員会

⑤ 中央労働委員会

第3章 基本的人権

No.1
(解答 ▶ P.6)

「国家への自由」といわれるものは次のどれか。

① 自由権

② 平等権

③ 参政権

④ 請願権

⑤ 社会権

No.2
(解答 ▶ P.6)

次のうち，18世紀的基本権に属するものはどれか。

① 法的手続きの保障

② 請願権

③ 裁判を受ける権利

④ 争議権

⑤ 法の下の平等

No.3
(解答 ▶ P.6)

精神の自由に関する事件ではないものはどれか。

① 三菱樹脂事件

② 津地鎮祭訴訟

③ チャタレー事件

④ 砂川事件

⑤ 東大ポポロ劇団事件

以下の各条文は，日本国憲法の基本的人権に関するものであるが，このうち自由権，社会権，参政権に該当するものの組合せとして正しいものは，次のうちどれか。

ア すべて国民は，勤労の権利を有し，義務を負ふ。

イ 何人も，現行犯として逮捕される場合を除いては，権限を有する司法官憲が発し，且つ理由となつてゐる犯罪を明示する令状によらなければ，逮捕されない。

ウ 婚姻は，両性の合意のみに基いて成立し，夫婦が同等の権利を有することを基本として，相互の協力により，維持されなければならない。

エ 何人も，公務員の不法行為により，損害を受けたときは，法律の定めるところにより，国又は公共団体に，その賠償を求めることができる。

オ 地方公共団体の長，その議会の議員及び法律の定めるその他の吏員は，その地方公共団体の住民が，直接これを選挙する。

カ 何人も，公共の福祉に反しない限り，居住，移転及び職業選択の自由を有する。

	自由権	社会権	参政権
①	イ	カ	オ
②	ウ	ア	エ
③	イ	ア	オ
④	ウ	カ	エ
⑤	イ	ア	エ

「公共の福祉」による制限を受けることが憲法上明記されているものの組合せとして，正しいものはどれか。

A 表現の自由

B 職業選択の自由

C 請願権

D 団体行動権

E 財産権

① A，E

② C，D

③ B，D

④ B，E

⑤ D，E

No.6

(解答 ▶ P.6)

参政権に関する次の記述の空欄 A ～ D に当てはまる語句の組合せとして，妥当なものはどれか。

　参政権とは国民が政治に参加する権利であり，（　A　）の原則を具体的に保障するために不可欠の権利である。日本国憲法は，参政権として普通選挙・（　B　）を保障した上で，国会議員などの公務員を選定罷免する権利も保障した。また憲法は，憲法改正に関する国民投票や（　C　）の国民審査など，（　D　）的な権利も定めている。

	A	B	C	D
①	国民主権	公開投票	最高裁判所裁判官	代表民主制
②	法の支配	公開投票	内閣総理大臣	代表民主制
③	国民主権	秘密投票	最高裁判所裁判官	代表民主制
④	法の支配	秘密投票	内閣総理大臣	直接民主制
⑤	国民主権	秘密投票	最高裁判所裁判官	直接民主制

No.7

(解答 ▶ P.6)

日本国憲法第31条は「何人も，法律の定める手続によらなければ，その生命若しくは自由を奪はれ，又はその刑罰を科せられない。」と『法定の手続の保障』を規定している。このことに関する以下の記述のうち，正しいものの組合せはどれか。

ア　この条文は，ヨーロッパ大陸で発達した罪刑法定主義や，イギリスのマグナ＝カルタ制定以来の考え方である「法の適正手続」の考え方を継承したものといえる。

イ　この条文の内容には，刑事裁判の原則である「疑わしきは被告人の利益に」という考えが含まれているといえる。

ウ　この条文があるので，日本では政令や条例などの法律以外の規則で罰則規定を設けることは，いかなる場合であっても許されていない。

①　ア

②　ア，イ

③　イ

④　イ，ウ

⑤　ア，ウ

民法の婚姻条項に関する次の記述のうち，正しいものはどれか。

① 直系血族又は4親等内の傍系血族の間では，婚姻をすることができない。

② 夫婦は，婚姻の際に定めるところに従い，夫の氏を称する。

③ 現在18歳以上であれば，親の同意なく婚姻することができる。

④ 婚姻後180日以内であれば，夫婦どちらか一方の申し立てにより，無条件で離婚が成立する。

⑤ 男は，満18歳に，女は，満15歳にならなければ婚姻をすることができない。

新しい人権に関する以下の記述のうち，正しいものを組み合わせているのはどれか。

A プライバシー権は，憲法第13条に基づく権利で，2005年に完全施行された「個人情報保護法」も個人のプライバシー権を保護するものである。

B 知る権利は，憲法第21条を受け手側からとらえた権利で，2001年に施行された「情報公開法」によって，国レベルの行政機関に対する情報公開請求権については，具体的権利として確立したといえる。

C 環境権は，憲法第13条と憲法第25条を根拠とした権利で，具体的には日照権，静穏権，眺望権などを指す。

① A

② B

③ A，C

④ B，C

⑤ A，B，C

基本的人権に関する次の記述のうち，妥当なものはどれか。

① 日本国憲法には様々な人権が保障されているが，精神的自由権である表現の自由については，「公共の福祉」によって制限することは許されない。

② プライバシーの権利については，憲法に明文の規定はないが，憲法第13条の幸福追求権に基づき認められる新しい人権である。

③ 基本的人権の中で社会権的基本権は，17～18世紀の市民革命期に生じてきたものである。

④ マス＝メディアに対し反論文などの掲載を求めるアクセス権は，「知る権利」に基づき憲法で保障されている。

⑤ 参政権は「国家への自由」ともいわれ，民主主義にとって重要な権利であり，日本では国内に在住する20歳以上のすべての人に保障されている。

戦後の日本において，基本的人権の諸権利について争われた裁判の結果として，妥当なものは次のうちどれか。

① 民法が非嫡出子の法定相続分を嫡出子の2分の1に定めていることは，立法に与えられた合理的な裁量の範囲内であるとして，法の下の平等を定める憲法第14条には違反しないと判断した。

② 憲法の私人間効力について，原則として憲法の人権規定は私人間についても直接適用されるとする直接適用説を採用した。

③ 裁判所が雑誌等の発表を事前に差し止めることは検閲にあたり，憲法第21条の定める表現の自由を侵害するものであるから絶対的に許されないと判断した。

④ 大学内の学生の活動が実社会の政治的・社会的活動であり，学問研究のためのものではない場合には，大学は大学の自治を享有しないと判断した。

⑤ 新聞に意見広告が掲載され，それが名誉毀損とはならない場合であっても，その被害者が新聞社に対して反論文を掲載することを要求する権利を有すると判断した。

第4章 立法権・国会

No.1 (解答▶P.8)

国会の定足数と，議決に必要な数に関する以下の表に当てはまるものとして，正しい組合せはどれか。

	定　足　数	議決に必要な数
委 員 会	委 員 の （ ア ）	出席議員の （ ウ ）
本 会 議	総議員の （ イ ）	出席議員の （ エ ）

	ア	イ	ウ	エ
①	2分の1以上	3分の1以上	過半数	過半数
②	過半数	3分の1以上	過半数	過半数
③	2分の1以上	3分の2以上	2分の1以上	過半数
④	過半数	3分の1以上	2分の1以上	3分の2以上
⑤	過半数	3分の2以上	2分の1以上	3分の2以上

No.2 (解答▶P.8)

下の図は，衆議院から先議される場合の法律の制定過程を書いたものである。㋐～㋒に入る語句の組合せとして正しいものは，次のうちどれか。

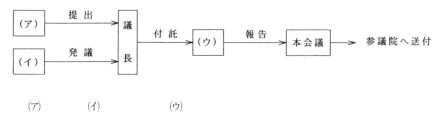

	㋐	㋑	㋒
①	議 員	内 閣	委員会
②	内 閣	議 員	委員会
③	内 閣	議 員	公聴会
④	議 員	内 閣	公聴会
⑤	議 員	内 閣	議院運営委員会

No.3

（解答▶P.8）

次の文中の（　　）に当てはまる語句の組合せとして正しいものはどれか。

　2008年9月の福田康夫内閣総辞職に伴い，国会で新首相の（　A　）が行われた。この時，衆議院では麻生太郎氏が（　A　）され，参議院では小沢一郎氏が（　A　）された。このため（　B　）が行われたが意見の調整がつかず，麻生太郎氏が最終的に首相に（　A　）された。

	A	B
①	任命	指名投票
②	指名	国政調査
③	指名	両院協議会
④	任命	両院協議会
⑤	任命	国政調査

No.4

（解答▶P.8）

衆議院における優越項目として，不適当であるものはどれか。

① 条約の承認
② 予算の議決
③ 緊急集会の開催
④ 内閣総理大臣の指名
⑤ 法律案の議決

No.5

（解答▶P.8）

参議院の緊急集会についての記述として正しいものはどれか。

① 参議院の総議員の4分の1以上の要求，あるいは内閣が決定した場合に開催される。
② 参議院は衆議院で可決された議案を修正して可決する場合があるが，その修正を行うときに開催される。
③ 参議院議長が緊急集会の会期を決定することになっている。
④ 参議院の緊急集会で決定した事は，衆議院総選挙後の国会が開催されて10日以内に衆議院の同意がなければ無効となる。
⑤ 参議院の緊急集会同様，衆議院の緊急集会もある。

国会に関する記述として，誤っているものは次のうちどれか。

① 国会は，国権の最高機関であって，国の唯一の立法機関である。

② 衆議院の優越が認められる事項の1つに，条約締結の承認がある。

③ 憲法上の国会議員の特権の1つに，表決の院外無責任がある。

④ 両議院それぞれにおいて出席議員の3分の2以上の多数による議決を必要とする事項の1つに，資格争訟の裁判で議員の議席を失わせる場合がある。

⑤ 臨時会（臨時国会）は，衆議院の解散から40日以内に行われる衆議院議員総選挙の日から30日以内に召集される。

日本の国会に関する記述として妥当なものは，次のうちどれか。

① 通常国会は年に一度，通常は1月に必ず召集され，会期は150日，会期の延長は認められていない。

② 臨時国会は必要に応じて内閣が開催を決めるもので，国会議員が開催を求めることは基本的にはできない。

③ 臨時国会の会期は状況に応じて適宜決定されるが，1回ならば延長することも可能である。

④ 特別国会の主な議題は内閣総理大臣の指名であるため，通常は衆議院のみが召集される。

⑤ いずれの国会の議事も原則公開であるが，一定の条件を満たせば秘密会を開くことができる旨憲法に定められている。

国会に関する次の記述のうち，妥当なのはどれか。

① 法律案について，参議院が衆議院と異なる議決をした場合，衆議院が出席議員の2分の1以上の多数で再度可決すれば法律となる。

② 両院協議会が開かれるのは，内閣総理大臣の指名，条約，予算に関して両院の議決が一致しない場合のみである。

③ 国政調査権は，立法・財政に関する権限を有効適切に行使するために衆議院・参議院の両方に認められている。

④ 衆議院は，予算および条約の承認に関して先議権を持っている。

⑤ 衆議院の優越は日本国憲法独自の制度であり，イギリスなどでは上院と下院の権限は対等である。

No.9

（解答 ▶ P.9）

わが国の国会に関する記述として正しいのはどれか。

① 国会議員は，院外における現行犯罪の場合を除いては，国会の会期中逮捕されず，会期前に逮捕された議員は，その議院の要求があれば，会期中これを釈放しなければならない。

② 両議院の会議は公開が原則であるが，出席議員の3分の2以上の多数で議決したときは，秘密会を開くことができる。

③ 衆議院，参議院いずれかの議院の出席議員の4分の1以上の要求があれば，内閣は，特別会の召集を決定しなければならない。

④ 衆議院で可決し，参議院でこれと異なった議決をした法律案は，両院協議会を開いても意見が一致しなければ，衆議院の議決が国会の議決とされる。

⑤ 国会は，罷免の訴追を受けた裁判官を裁判するため，衆議院議員で組織する弾劾裁判所を設ける。

No.10

（解答 ▶ P.9）

衆議院，参議院について，誤っている記述はどれか。

① 両議院は，各々国政に関する調査を行い，それについて証人の出頭，証言，記録の提出を要求できる。

② 予算は衆議院から先に提出しなければならない。

③ 衆議院で可決した法律案が参議院で否決された場合，衆議院が出席議員の過半数で再可決したならば法律として成立する。

④ 衆議院で可決された法律案は，参議院において国会休会中の期間を除いて60日以内に議決されなければ，衆議院は，参議院が法律案を否決したものとみなすことができる。

⑤ 衆議院で可決された予算案は，参議院において国会休会中の期間を除いて30日以内に議決されなければ，衆議院の議決が国会の議決となる。

(解答 ▶ P.9)

国会の機能に関する次の記述のうち，妥当なものはどれか。

① 与党とは政権を担当している政党のことであるが，議会において議員数の最も多い政党は常に与党となる。

② 会期中に議決に至らなかった案件は次の会期に継続しないという「会期不継続の原則」は，憲法上の原則である。

③ 国会審議は，イギリス議会をモデルとして，本会議ではなく委員会を中心に行われている。

④ 国会議員の政策形成能力を高めるために，アメリカ議会をモデルとして「政策担当秘書制度」が導入されている。

⑤ 国会は，審議中の法律案が憲法に反していないかについて，裁判所に違憲立法審査を依頼することができる。

第5章 行政権・内閣

No.1
(解答 ▶ P.9)

内閣の職務でないものはどれか。

① 衆議院を解散する。

② 外交関係を処理する。

③ 条約を締結する。

④ 法律を執行し，国務を総理する。

⑤ 予算を作成する。

No.2
(解答 ▶ P.9)

内閣に関する記述で正しいものはどれか。

① 日本国憲法の下では，首相は「同輩中の首席」で，他の閣僚と同格の地位となっている。

② 中央省庁の長ではない国務大臣も存在する。

③ 内閣は最大15人で構成される。

④ 国務大臣は2分の1以上が国会議員でなければならない。

⑤ 防衛庁長官は，その任務の性質上，きわめて専門的な知識が要求されるため，現職の自衛隊幹部が任命される。

No.3
(解答 ▶ P.9)

次のうち，日本の内閣総理大臣の権限として正しいものはどれか。

① 法律，政令への署名，連署

② 政令の制定

③ 条約の締結

④ 法律の議決

⑤ 国政調査権

以下の日本の内閣に関する記述のうち，正しいものはどれか。

① 内閣総理大臣は，国会議員以外の人物でもなることができる。

② 法律の範囲内ではあるが，政令を制定することができる。

③ 国会の承認を経ることなく，単独で条約を締結することができる。

④ 内閣自らが判断して衆議院を解散することはできない。

⑤ 天皇の国事行為に対する助言と承認は，内閣総理大臣が単独で行う。

日本において，憲法上内閣が総辞職しなければならないのは，次のうちどれか。

① 内閣総理大臣が亡くなったとき。

② 内閣不信任決議案が衆議院で可決されたとき。

③ 内閣総理大臣が刑法上の罪で訴追されたとき。

④ 内閣が提出した法案が，衆参両院共否決されたとき。

⑤ 内閣が定めた政令が，最高裁判所によって違憲であると判断されたとき。

以下の各条文は，「日本国憲法 第5章 内閣」に規定されているものである。誤っている条文はどれか。

① 内閣は，行政権の行使について，国会に対し連帯して責任を負ふ。

② 衆議院と参議院とが異なつた指名の議決をした場合に，法律の定めるところにより，両議院の協議会を開いても意見が一致しないとき，又は衆議院が指名の議決をした後，国会休会中の期間を除いて10日以内に，参議院が，指名の議決をしないときは，衆議院の議決を国会の議決とする。

③ 内閣総理大臣は，国務大臣を任命する。但し，その過半数は，国会議員の中から選ばれなければならない。

④ 内閣は，衆議院で不信任の決議案を可決し，又は信任の決議案を否決したときは，10日以内に総辞職しない限り，衆議院を解散しなければならない。

⑤ 国務大臣は，その在任中，内閣総理大臣の同意がなければ，訴追されない。但し，これがため，訴追の権利は，害されない。

No.7

(解答 ▶ P.10)

戦後の日本政治に関する次の記述のうち，妥当なものはどれか。

① 吉田茂内閣は，サンフランシスコ平和条約を締結し日本の独立を回復したが，日米安全保障条約への調印は 1960 年の岸信介内閣まで持ち越された。

② 鳩山一郎内閣は，憲法改正・日ソ国交回復などを唱え登場したが，日ソ共同宣言を結びソ連との国交を回復することはできたものの，憲法改正は実現できなかった。

③ 池田勇人内閣は，政治的激動を受けて「国民所得倍増計画」をかかげ高度成長をいっそう進め，1972 年の沖縄返還を花道に退陣した。

④ 中曽根内閣は，「戦後政治の総決算」を唱えて行財政改革を行い，国鉄を分割・民営化するなどの実績を上げたが，リクルート事件および消費税導入に対する国民の反発により退陣することになった。

⑤ 宮沢喜一内閣は，相次ぐ汚職事件を理由とする政治不信に対処するため，小選挙区比例代表並立制の導入を柱とする政治改革を行った。

No.8

(解答 ▶ P.10)

日本では議院内閣制を採用しているが，次のうち議院内閣制のために必要なルールとはいえないものはどれか。

① 衆議院は内閣不信任決議権を持っている。

② 内閣を構成する大臣は，すべて文民でなければならない。

③ 各国務大臣は，議院の要求があるときは，議院に出席しなければならない。

④ 内閣は，国会に対して連帯責任を負う。

⑤ 内閣不信任が決議された場合，内閣は総辞職するか衆議院を解散しなければならない。

No.9

(解答 ▶ P.10)

議院内閣制の特色として，正しいものはどれか。

① 内閣が議会，特に下院の信任のもとに成立する制度で，イギリスやフランスで採用されている。

② 日本では憲法第 41 条にある「国会は，国権の最高機関」を裏付けとして，内閣が国会より下位に位置づけされる。

③ 内閣総理大臣は，必ず下院第一党の党首が選ばれ，閣僚は内閣総理大臣が所属する政党からしか選ばれることはない。

④ 議会，特に下院の信任を失えば，内閣は総辞職するか，下院を解散する。

⑤ 日本では下院は参議院に該当することから，「内閣不信任決議権」は参議院しか持っていない。

議院内閣制の特色として正しいものはどれか。

① 議会の信任によって成立する内閣は，議会という権力機関の一部でしかない。

② 議会が立法権を持つのであるから，議会で審議される法律案は，あくまで議員によって提出されなければならず，今日のわが国でもそれが貫かれている。

③ 議会の信任によって内閣は存立し，内閣は議会に責任を負うので，大統領制に比べて立法府と行政府の協力関係が生まれやすい。

④ 首相が国務大臣を任免するときは衆議院の同意が必要であり，また，国会で可決された法律案を内閣は拒否できる。

⑤ イギリスでは下院から首相が選出されるが，日本では，首相は衆議院から選出されることが定められている。

行政の役割に関する以下の記述のうち，妥当なものはどれか。

① 公務員の地位は，明治憲法以来「全体の奉仕者」として位置づけられてきた。

② 行政からある程度独立した合議制の機関として審議会が設けられており，準立法的・準司法的機能を有している。

③ 戦後アメリカの制度にならって導入された行政委員会には，人事院，国家公安委員会，公正取引委員会などがある。

④ オンブズマン制度を導入することで，行政機関相互の監視による行政の透明性確保が図られている。

⑤ 高級官僚が退官後に政治家へと転身する「天下り」が，官僚支配の弊害として批判を受けている。

第6章 司法権・裁判所

No.1 （解答▶P.11）

日本の裁判所のしくみについて書かれた以下の文章の（　）内に入る語句の組合せとして，正しいものはどれか。

最高裁判所は（　A　）裁判所であり，（　B　）を有する裁判所でもある。最高裁の裁判官については（　C　）の裁判官と異なり，（　D　）による罷免制度がある。

	A	B	C	D
①	終審	規則制定権	下級裁判所	国民審査
②	決審	規則制定権	行政裁判所	国会審査
③	決審	国政調査権	高等裁判所	行政審査
④	決審	規則制定権	下級裁判所	国民審査
⑤	終審	国政調査権	行政裁判所	国会審査

No.2 （解答▶P.11）

裁判に関する記述として正しいものはどれか。

① 公正な裁判を行うため三審制となっており，二審制で行われる内乱罪などを除いて，必ず三回裁判を行う。
② 裁判はすべて，公開で行われる。
③ 高等裁判所で第一審が行われることはない。
④ すでに無罪となった行為について，裁判のやりなおしはできない。
⑤ 家庭裁判所は，家庭事件や少年事件のほか，軽微な刑事事件なども扱う。

No.3 （解答▶P.11）

裁判官の身分保障に関する記述として正しいものは，次のうちどれか。

① 裁判官の懲戒処分は，内閣によって行われる。
② 裁判官は，内閣により，心身の故障のために職務を執ることができないと決定された場合には，罷免される。
③ 裁判官の弾劾裁判は，最高裁判所で行われる。
④ 弾劾による罷免の理由は，職務上の著しい義務違反，職務のはなはだしい怠慢，裁判官の威信を著しく失う非行の場合である。
⑤ 国民審査で有効投票の過半数が罷免を可とすれば，どの裁判官であっても罷免される。

裁判官の任命についての記述で正しいものはどれか。

① 最高裁判所裁判官に対する国民審査は，不信任の場合×を記入するが，信任の場合は○をつける必要がないので，白票も信任したとして扱われる。

② 最高裁判所裁判官は，内閣が指名し，天皇が任命する。

③ 下級裁判所裁判官は，最高裁判所長官が作成した名簿により内閣が任命する。

④ 最高裁判所長官は，内閣が任命し，天皇が認証する。

⑤ 国民審査は，最高裁判所裁判官が任命されて，8年ごとの衆議院総選挙のときに行われる。

日本の裁判に関する以下の記述のうち，正しい記述はいくつあるか。

A 民事裁判において，原告と被告が同意すれば，裁判進行中であっても訴訟を取り下げることができる。

B 民事裁判で和解ができるのは公判前までであり，いったん裁判が開始されると和解による裁判の終了はない。

C 未成年者が重大犯罪を起こした場合，裁判所は成人と同じ手続きによって刑事裁判を開始しなければならない。

D 刑事裁判において，裁判官は検察側が裁判前に提出した取り調べ記録に基づき，積極的に証拠収集などを行って，真実の解明に努めなければならない。

① 0

② 1つ

③ 2つ

④ 3つ

⑤ 4つ

No.6　(解答 ▶ P.12)

日本の裁判所に関する以下の記述のうち，正しいものはどれか。

① 日本国憲法に規定されている違憲立法審査権は，大日本帝国憲法時代から憲法の条文に明記されていた。

② 裁判官が職務上の義務に違反したり職務を怠った場合であっても，行政機関がその裁判官に対して懲戒処分を行うことはできない。

③ 日本の裁判では，憲法に関する訴訟に限って，審理を慎重にする意味合いで第一審・控訴審・上告審の三審制が採用されている。

④ 市民の司法への参加を保障する制度として「検察審査会制度」があり，検察官同様に公訴を提起する権限を有している。

⑤ 日本では，民事訴訟や刑事訴訟を取り扱う通常の裁判所の他に，行政事件を専門に担当する行政裁判所が設置されている。

No.7　(解答 ▶ P.12)

以下のような事例の訴訟を担当する裁判所として，妥当なものはどれか。

　専門学校生であるA君は，交際中であるBさんと自分の車でドライブをしていた。交差点にさしかかったとき，前方の信号が黄色に変わったため減速し，停止線前で停車した。数秒後，よそ見をしていたCさん運転の乗用車がA君の車に衝突した。減速していたため3人共にけがなどはなく，A君の車の後方バンパーが少しへこんだ程度ですんだ。実地調査の結果，A君に過失はなく，また，Cさんも全面的に自分の非を認めたため，CさんがA君に車の修理代金10万円を支払うことのみで示談が成立した。ところが，Cさんがいつまで経っても10万円を支払ってくれないため，A君は少額訴訟を起こした。

① 最高裁判所

② 高等裁判所

③ 地方裁判所

④ 家庭裁判所

⑤ 簡易裁判所

(解答 ▶ P.12)

違憲立法審査権に関する記述として，正しいものは次のうちどれか。

① 日本の裁判所で違憲判断ができるのは法律と政令，省令についてのみである。

② 日本の下級裁判所には審査権が与えられていない。

③ アメリカやイギリスでも裁判所に違憲立法審査権が与えられている。

④ ドイツやオーストリアなどでは，具体的な訴訟事件と関係なく，違憲審査を行う。

⑤ 日本の最高裁判所での法令違憲判決は，これまでに6件存在する。

(解答 ▶ P.12)

違憲立法審査権に関する以下の記述のうち，誤っているものはどれか。

① 日本における最高裁判所の法令違憲判決は，2度あった衆議院議員定数違憲判決を1例とすると，今まで5例出されている。

② 日本の違憲立法審査は，具体的な事件との関連で審査されるが，具体的な事件とは関係なく違憲判断をする国もある。

③ イギリスの裁判所には，違憲立法審査権がない。

④ 日本の違憲立法審査権は，法律や命令だけでなく，行政処分などにもその効力が及ぶ。

⑤ 日本で最初の法律に対する最高裁違憲判決（法令違憲判決）は，当時の刑法第200条，「尊属殺人重罰規定」に対する違憲判決であった。

No.10

（解答 ▶ P.12）

日本国憲法の規定についての最高裁判所の判断に関する記述として，正しいもののみを全て挙げているのはどれか。

ア　刑法に規定している尊属殺人の重罰規定について，尊属殺人と普通殺人を区別することについては違憲ではないが，尊属殺人の重罰規定が普通殺人に比べてあまりにも不合理であり違憲と判断した。

イ　国の損害賠償責任を限定している郵便法の規定は，郵便をなるべく安い料金で公平に提供し公共の福祉を増進するという目的のために必要な規定であると述べ，憲法第17条に違反しないと判断した。

ウ　海外に住む日本人に国政選挙の選挙区での投票が認められていないことについて，通信手段が発達している今，在外邦人の選挙権を制限するやむを得ない理由があるとはいえないので違憲と判断した。

①　ア
②　ア，イ
③　イ
④　ア，ウ
⑤　ウ

No.11

（解答 ▶ P.12）

日本国憲法の規定についての最高裁判所の判断に関する記述として正しいもののみをすべて挙げているのはどれか。

ア　最高裁判所は，外国人登録法が定める在留外国人の指紋押捺制度について，プライバシーを侵害するので違憲であると判断した。そのため，指紋押捺制度は廃止された。

イ　最高裁判所は，衆議院の場合，選挙人の投票価値に相当程度の格差が生じていた議員定数配分規定について，違憲であると判断したことがあるが，その場合でも選挙自体は有効とした。

ウ　最高裁判所は，教科書検定制度は検閲に該当することから，違憲であると判断した。そのため教科書検定制度は廃止された。

①　ア
②　ア，イ，ウ
③　イ
④　イ，ウ
⑤　ウ

第7章 地方自治

No.1　　　　　　　　　　　　　　　　　　　　　　　　（解答▶P.13）

次のA～Eのうち，地方自治法に基づく直接請求権に該当するものを選んだ組合せとして正しいものはどれか。

A　議会開会請求

B　事務監査請求

C　首長の解職請求

D　条例制定請求

E　公文書開示請求

① A，B，D

② A，C，D

③ A，C，E

④ B，C，E

⑤ B，C，D

No.2　　　　　　　　　　　　　　　　　　　　　　　　（解答▶P.13）

地方における直接請求権の内容として，適当でないものはどれか。

① 条例の制定請求はできるが，改廃請求はできない。

② 有権者の3分の1以上の署名で，地方議員を罷免させる請求ができる。

③ 地方自治体における事務監査を要求できる。

④ 地方議会の解散要求ができる。

⑤ 特定の地方自治体にのみ適用される特別法の制定には，住民の過半数の同意が必要である。

No.3

(解答 ▶ P.13)

直接請求権の内容として不適当なものはどれか。

① 条例の制定・改廃請求は首長に対して行う。

② 有権者の60分の1以上の署名で監査請求ができる。

③ 主要公務員の解職請求を行った場合，3分の2以上の議員が出席した議会で4分の3以上の賛成があれば解職となる。

④ 地方議会の解散は選挙管理委員会に請求する。

⑤ 地方特別法の住民投票は，有権者の過半数の同意が必要である。

No.4

(解答 ▶ P.13)

地方自治の原則として正しいものはどれか。

① 条例の制定・改廃は，有権者の50分の1以上の署名を集め，議会に請求する。

② 監査の請求は，有権者の3分の1以上の署名を集め，監査委員に請求する。

③ 主要公務員の解職は，有権者の3分の1以上の署名を集め，選挙管理委員会に請求する。

④ 議会の解散と議員の解職の請求の処理手続きは同じである。

⑤ 議員の解職と首長の解職の請求の処理手続きは同じではない。

No.5

(解答 ▶ P.13)

次の地方自治に関する記述のうち，正しいものはどれか。

① 地方政治は，その住民の手によって運営されるという「団体自治」の原則に基づく。

② 条例の制定・改廃請求は，有権者の100分の1以上の署名が必要である。

③ 監査請求の請求先は，首長である。

④ 議会の解散請求がなされた場合，住民投票にかけ，過半数が賛成したときは議会が解散される。

⑤ 主要な役職員の解職請求は，有権者の3分の1以上の署名をもって，選挙管理委員会に請求する。

地方自治における直接請求制度に関する記述として，正しいものは次のうちどれか。

① 地方公共団体の条例制定権は尊重されなければならず，国の立法において制約されることはない。

② 条例の制定・改廃請求はイニシアティブの一種であり，国会の制定する法律についてもこれが認められている。

③ 有権者の3分の1以上の署名をもって，地方公共団体による事業の管理などについての監査を請求することができる。

④ 議会の解散請求はレファレンダムと呼ばれ，選挙管理委員会に請求する。

⑤ 首長の解職請求はリコールと呼ばれ，請求後有権者の過半数の同意があれば失職させることができる。

直接請求制度に関する記述として，正しいものは次のうちどれか。

① 国民や住民が公職にある者を任期満了前に罷免する制度をイニシアティブというが，日本では地方レベルでのみ認められていて，国政レベルでは認められていない。

② 国民や住民の法律や条例の制定，改廃請求のことをレファレンダムというが，日本では国政レベルでのみ認められていて，地方レベルでは認められていない。

③ 日本の地方レベルで認められているリコールの請求に必要な署名数は，有権者の50分の1以上である。

④ 日本国憲法第95条に定められている特別法の住民投票はレファレンダムの一種であり，地方レベルのレファレンダムも法的拘束力が認められる。

⑤ 地方レベルでリコールを直接請求する場合，有権者数が40万人を超える場合と超えない場合では，必要な署名数が異なる。

オンブズマンの説明として正しいものはどれか。

① 情報公開制度のこと。

② 開発を行う前に，その影響を事前に評価すること。

③ 行政を監視し，住民に報告したり，改善を勧告すること。

④ 健常者と高齢者や障害者が同様の生活をしていくこと。

⑤ 金融制度の改革のこと。

No.9　　　　　　　　　　　　　　　　　　　　　　　　　　　　　　　　　　　　　　　（解答▶P.14）

地方自治に関する記述として，正しいものはどれか。

① 地方議会も国会と同じように二院制を採用している。

② 議院内閣制を採用しているわが国においては，衆議院に内閣不信任決議権と内閣に解散権が認められているが，地方公共団体の議会と首長の間には，内閣と国会のような不信任決議と解散権は認められていない。

③ 地方公共団体の首長の任期は6年であり，被選挙権は満30歳以上である。

④ 地方自治の本旨とは，民主主義に基づく住民自治と自由主義に基づく団体自治をさす。

⑤ 地方議会は法律の範囲内で条例を制定できるが，罰則を設けることはできない。

No.10　　　　　　　　　　　　　　　　　　　　　　　　　　　　　　　　　　　　　　（解答▶P.14）

地方自治に関する記述として正しいものは，次のうちどれか。

① 地方自治は住民自治を原則としており，住民は条例の改廃，議員や長の解職などの直接請求を行うことができる。

② 地方自治を円滑に進めるために議会は条例を定めることができるが，法律とは異なるため条例に罰則を設けることはできない。

③ 地方公共団体職員は，国家公務員とは異なり定年制が定められていないため，勧奨退職制度が採られている。

④ 地方公共団体の自主財源には，その地方の住民に課せられる住民税のほか，企業に課せられる法人税などもある。

⑤ 都道府県知事の被選挙権は満35歳以上，市町村長の被選挙権は満30歳以上の男女と規定されている。

地方自治体の歳入の財源構成について，図の A，B，C に当てはまるものの組合せで正しいものはどれか。

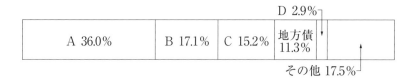

	A	B	C
①	国庫支出金	地方交付税	地方債
②	地方交付税	国庫支出金	地方税
③	地方税	地方交付税	地方譲与税
④	地方税	地方交付税	国庫支出金
⑤	国庫支出金	地方交付税	地方税

地方自治に関する次の記述のうち，妥当なものはどれか。

① 「三位一体の改革」とは，その癒着が批判されている政・官・財の関係を見直そうとする行財政改革のことである。

② 地方公共団体の財源として，自主財源には地方税・地方債があり，依存財源には国庫支出金・地方交付税交付金がある。

③ 地方交付税交付金とは，地方公共団体の間での財源の格差を調整するために設けられているものであり，国はその用途を指定して地方公共団体に交付することになっている。

④ 地方議会は一院制をとっており，議員の被選挙権は満25歳以上，その任期は4年と定められている。地方議会は，住民によって直接選挙されている首長に対して不信任決議をすることはできない。

⑤ 住民自治とは地方公共団体がその住民の意思によって運営されることを意味し，具体的な制度として，条例の制定・改廃請求であるイニシアティブなどがある。

第8章 選挙制度と政党政治

No.1

（解答 ▶ P.15）

近代民主選挙制度の原則として，当てはまらないものはどれか。

① 普通選挙

② 平等選挙

③ 公共選挙

④ 直接選挙

⑤ 秘密選挙

No.2

（解答 ▶ P.15）

選挙に関する記述で正しいのはどれか。

① 普通選挙とは，一人に複数の票を与えないことである。

② 平等選挙とは，一定の年齢に達した者すべてに選挙権を認めることである。

③ 直接選挙とは，たとえばアメリカの大統領選挙のような選挙である。

④ 秘密選挙とは，無記名で投票することである。

⑤ 公営選挙とは，選挙費用の一部を公費で賄うものであるが，国民からの批判が多く，現在わが国では行われていない。

No.3

（解答 ▶ P.15）

小選挙区制の特徴として正しいものは，次のうちどれか。

① 1選挙区から1人の議員を選出する制度。選挙費用は少なくてすむが死票が大量に出る。

② 1選挙区から3〜5人の議員を選出する制度。少数党も比較的当選しやすい。

③ 1選挙区から1人の議員を選出する制度。有権者と候補者の結びつきが強く，少数党には有利といえる。

④ 各都道府県を1区とする選挙制度。各党派にとって比較的平等な制度である。

⑤ 1選挙区から2人以上の議員を選出する制度。当選者数が多いので，少数党に有利にはたらく。

No.4 (解答 ▶ P.15)

小選挙区制の長所として，正しいものは次のうちどれか。

① 政局の安定をもたらす可能性が大きい。

② 死票が少ない。

③ 選挙干渉・買収などの不正投票が減少する。

④ 得票数に応じて各党に公平な議席配分ができる。

⑤ 少数政党も当選しやすくなる。

No.5 (解答 ▶ P.15)

小選挙区制と比べた大選挙区制の短所として，正しいものは次のうちどれか。

① 死票が多い。

② 少数政党の当選の可能性が低い。

③ 政局が安定しない。

④ ゲリマンダーの可能性が高い。

⑤ 買収などの不正が行われる可能性が高くなる。

No.6 (解答 ▶ P.16)

選挙制度に関する次の記述について，妥当なものはどれか。

① 選挙区制は小選挙区制と大選挙区制に分けられるが，その場合1つの選挙区から2人以上の代表を選出する方法は，すべて大選挙区制に分類される。

② 比例代表制では，死票が少なくなる反面，少数政党は議席を獲得しにくくなり，政治の不安定を生む可能性がある。

③ イギリスでは19世紀後半のチャーチスト運動をきっかけとして，女性の選挙権獲得が実現された。

④ 1994年の政治改革によって，衆議院議員選挙に小選挙区比例代表制が導入されたことを受けて，参議院議員選挙でも比例代表制が導入された。

⑤ 衆議院議員の被選挙権は満25歳以上，参議院議員は満30歳以上，選挙権はどちらの場合も満20歳以上であると憲法に定められている。

No.7
（解答▶P.16）

日本の選挙における被選挙権の年齢について，次の組合せで正しいものはどれか。

A　地方議会議員

B　参議院議員

C　市町村長

D　衆議院議員

E　都道府県知事

　　（満 25 歳以上）　　（満 30 歳以上）

① 　A，D，E　　　　　　B，C

② 　B，E　　　　　　　 A，C，D

③ 　B，D，E　　　　　　A，C

④ 　A，C，D　　　　　　B，E

⑤ 　A，C，E　　　　　　B，D

No.8
（解答▶P.16）

日本において，有権者数の全人口比が 50％を超えた年はいつか。

① 　1889 年（明治 22 年）

② 　1945 年（昭和 20 年）

③ 　1925 年（大正 14 年）

④ 　1919 年（大正 8 年）

⑤ 　1900 年（明治 33 年）

No.9
（解答▶P.16）

参議院の選挙制度に関する記述として，正しいものは次のうちどれか。

① 　重複立候補が認められていて，小選挙区で落選しても比例代表での復活当選があり得る。

② 　全国を 11 のブロックに分けた比例代表選挙で，176 人の議員を選出する。

③ 　非拘束名簿式比例代表選挙の投票は，政党名か候補者名を書く。

④ 　選挙区選挙は，各都道府県ごとに 1 回の選挙につき最低 1 人，最高 3 人の候補者を選出する。

⑤ 　人口比例で配分された 289 議席を，小選挙区制選挙で選出する。

日本の選挙制度に関する次の記述 A 〜 D のうち，正しいもののみすべて挙げているのはどれか。

A　衆議院の小選挙区選挙では，総投票数の過半数の得票を得た候補者でないと当選できない。

B　衆議院の比例代表選挙は，全国を 11 のブロックに分けて行われる。

C　参議院の比例代表選挙では，政党名ではなく候補者の名前での投票も認められている。

D　参議院の選挙区選挙は，都道府県を単位として各県から 1 人を選出する選挙である。

① A

② A，D

③ B，C

④ B，D

⑤ C

以下の文章は，参議院の通常選挙に立候補した A さんの行動を記したものである。下線部のうち，公職選挙法で定められた違反行為が含まれているものはいくつあるか。

　参議院選挙の立候補届出日の前々日，A さんは選挙運動用のはがき 3,000 枚をポストに投函して，選挙運動を開始した。2 日後，立候補の届出を無事に済ませた後，すぐに選挙運動用の自動車に乗って，拡声器を使って自分の政策を主張し，有権者に支持を訴えた。7 月の暑いさなかの選挙だったため，選挙運動員のためにお茶とお菓子，一定数の弁当を提供した。選挙戦も終盤戦に入り，対立候補との差を広げたいと考えた A さんは戸別訪問を開始，同時に個人演説会の回数も増やした。また，電話による選挙運動も始めた。投票日当日までこれらの選挙運動を展開した A さんは，その甲斐あってか無事当選を果たした。

① 1つ

② 2つ

③ 3つ

④ 4つ

⑤ 5つ

No.12

(解答▶P.16)

公職選挙法についての記述で正しいものはどれか。

① 投票は例外なく本人が出頭し，自書しなければならない。

② 選挙運動期間は，立候補届出日から投票日当日までで，立候補届出日より前の事前運動は禁止されている。

③ 戸別訪問，ポスター・ビラの枚数，候補者が選挙区内で冠婚葬祭への寄附を行うことなどには一定の制限があるが，禁止はされていない。

④ 候補者の親族，選挙運動の総括主宰者，出納責任者，意思を通じた秘書らが選挙違反で有罪となった場合，候補者の当選も無効となる。

⑤ 選挙費用の一部を公費で賄うことは許されていない。

No.13

(解答▶P.17)

以下の政党に関する記述のうち，正しいものはどれか。

① 政党は，普通選挙の実施で結成されるようになり，当初は教養や財産を持つ名望家からなる「名望家政党」が成立した。

② 2つの有力政党が存立する「二大政党制」は，お互いが対抗しあうため，政局が安定しづらい。

③ 日本の政党は，下部組織の組織力が強固であるため，選挙の際，候補者が後援会組織に頼ることはない。

④ 日本では，議員数や得票数に応じて政党に公費助成が行われるが，政党に対する寄付や献金が全面的に禁止されたわけではない。

⑤ 政党の出す具体的な政権公約を「マニフェスト」というが，日本の選挙では選挙期間中に配布すると，公職選挙法違反になる。

第9章 国際政治

No.1
(解答 ▶ P.17)

以下の国際機関の英略称と日本語での表記の組合せのうち，誤っているものはどれか。

① 世界保健機関 ―――――― WHO

② 国際労働機関 ―――――― ILO

③ 国際原子力機関 ――――― IAEA

④ 国連貿易開発会議 ―――― UNICEF

⑤ 世界貿易機関 ―――――― WTO

No.2
(解答 ▶ P.17)

国際連合の主要機関で，安全保障理事会の5常任理事国が，未開発地域の自立を援助するものは次のうちどれか。

① 経済社会理事会

② 国連開発計画

③ 国際開発協会

④ 信託統治理事会

⑤ アジア・アフリカ会議

No.3
(解答 ▶ P.17)

国際連合の専門機関として ILO があるが，その目的はどれか。

① 労働者の労働条件を改善する。

② 諸国民の生活水準の向上と，農村，漁村の生産向上や生活改善を行う。

③ 発展途上国に開発資金を貸付，民間資本の投資促進を行う。

④ 国際貿易を促進する。

⑤ 教育・科学・文化を通じて諸国間の協力を促進し，平和と安全に貢献する。

No.4

（解答 ▶ P.17）

以下の国際機関の設立目的のうち，UNICEF の説明はどれか。

① 教育，科学，文化などを通じて，世界の平和と安全を図る。

② 南北問題を検討し，貿易の振興による発展途上国の経済開発を図る。

③ 発展途上国の子供に対して食料や教育，医療などを援助し，生活向上を図る。

④ 原子力の軍事利用を防ぎ，平和的な原子力利用を図る。

⑤ 国際通貨体制を安定させ，金融協力・貿易拡大を図る。

No.5

（解答 ▶ P.18）

国際連合には，様々な委員会や専門機関が設置されているが，次のうち国連の委員会や専門機関ではない機関はどれか。

① UNCTAD

② UNU

③ WTO

④ IAEA

⑤ NATO

No.6

（解答 ▶ P.18）

国連安全保障理事会についての次の記述のうち，正しいものはどれか。

① 安全保障理事会では，手続き事項の決定には構成国の過半数の賛成が必要とされるが，その他の事項の決定は構成国の全会一致が原則になっている。

② 安全保障理事会は，常任理事国 5 カ国と非常任理事国 15 カ国で構成されている。

③ 日本は，国連分担金（2022 年通常予算）の割合が，アメリカ・中国に次いで第 3 位の拠出国であり，常任理事国の 1 つとして国際貢献している。

④ 非常任理事国は，総会において投票で選ばれ，任期は 5 年である。

⑤ 常任理事国は，議決の拒否権を行使することがあるが，これは大国一致の原則によるものであり，国連における機構改革の課題の 1 つといわれている。

次のうち，国連憲章には規定されていないものはどれか。

① 加盟国は，国際紛争を平和的手段によって解決しなければならない。

② 安全保障理事会は，国際平和と安全の維持に関する主要な責任を負う。

③ 国連の経費は，総会で割り当てられたところに従って，加盟国が負担する。

④ 安全保障理事会は，平和に対する脅威，平和の破壊，侵略行為の存在を決定する。

⑤ 加盟国は，自国憲法の範囲内で国連平和維持活動（PKO）に協力する。

国際連合に関する記述として妥当なものは，次のうちどれか。

① 国際連盟には武力行使を行う権限が与えられていたが，それによって第二次世界大戦が勃発したという反省から，国際連合には武力制裁の権限が認められていない。

② 国際連盟の総会では全会一致の議決方式を採ったため，加盟国間で対立がある問題に十分対応できなかったという反省から，国際連合の総会では多数決で議決することを原則としている。

③ 全加盟国によって構成され国連の最高機関である国連総会は，各国が人口に応じた票数を持っており，その多数決によって決定される。

④ 国際平和と安全の維持を図るための機関である安全保障理事会の常任理事国は，発足当時の5カ国から10カ国に増え，非常任理事国は，逆に10カ国から5カ国に減らされた。

⑤ 国連の今後の課題としては，これまでに全く取り組みを行ってこなかった南北問題，環境問題，人権問題などの経済・社会分野へ関与していくことが挙げられる。

国際連合の紛争処理システムについての記述として，誤りはどれか。

① 安全保障理事会は，紛争が発生したとき，国連憲章第6章に基づき当事国に平和的解決を要請し，それが実現されない場合，国連憲章第7章に基づき強制措置を採る。

② PKOは，紛争当事国に平和的解決を要請するだけにとどまらず，また強制措置に該当するとも言えないところから，第6章半活動ともいわれる。

③ 国連軍は，安全保障理事会の要請に基づき，安保理と特別協定を結んだ加盟各国の兵力によって組織される。

④ インドシナ戦争の際，「平和のための結集」決議が採択され，拒否権行使で安全保障理事会が機能しなくなったとき，平和安全問題解決のため緊急特別総会が開催できるようになった。

⑤ 緊急特別総会は，スエズ運河，アフガニスタン，中東，ナミビアなどの諸問題を議題に開かれたことがある。

No.10

（解答 ▶ P.18）

国家間の結びつきに関する記述として正しいものは，次のうちどれか。

① NATO は，第二次世界大戦後に発生した東西陣営の対立を背景に，西欧の国々およびアメリカ・カナダの相互防衛を目的に作られた軍事的結合である。

② ASEAN は，東南アジアの経済・社会発展を目的とした地域協力組織であり，シンガポール，インドネシア，インド，中国など 10 カ国で構成されている。

③ OAPEC は，西アジアの産油諸国により結成された産油国の地位向上を図る組織であるが，その後東南アジア・アフリカの産油国を加えて，OPEC に改組された。

④ CIS は，旧ソ連を構成していた共和国の中で，バルト 3 国を中心として結成された，緩やかな連合体である。

⑤ EU は，ヨーロッパの国々の経済・政治統合をめざす連合であり，イギリス，フランス，ドイツなどの全加盟国によって，1999 年から通貨結合を開始した。

No.11

（解答 ▶ P.18）

世界各国における，国家間の政策協議に関する以下の記述のうち，正しいものの組合せはどれか。

A ASEAN は，域内の政治的統合を進めている。その関連で，加盟国間の紛争を解決するために，地域的国際裁判所を設立することになった。

B 第 1 次オイルショック後の景気後退を受けて，1975 年に初めて開催されたサミット（先進国首脳会議）は，2016 年の伊勢志摩サミットで 42 回目を迎えた。

C 1995 年 1 月，前年の GATT のウルグアイ＝ラウンド交渉の最終妥結を受けて，貿易に関する国際機関として WTO（世界貿易機関）が成立した。

① A

② A，B

③ B

④ B，C

⑤ A，B，C

No.12　　　　　　　　　　　　　　　　　　　　　　　　　　　　（解答 ▶ P.18）

発展途上国に関する以下の記述のうち，誤っているものはどれか。

① 発展途上国のなかで，石油資源を持つ国と新興工業諸国の間での対立が深まり，「南南問題」と呼ばれている。

② 経済を一次産品の輸出に依存している国では，経済成長が不安定になる傾向がある。

③ 人口増加率の高さ，就学率の低さと低所得や貧困は，密接な関係がある。

④ 京都議定書では，発展途上国の事情に配慮して，先進国のような CO_2 の削減義務は課されなかった。

⑤ 道路や港湾などの産業基盤整備の遅れが，発展途上国における工業化の進展の妨げになっている。

No.13　　　　　　　　　　　　　　　　　　　　　　　　　　　　（解答 ▶ P.18）

東西冷戦終結前後の出来事に関する記述として，正しいものは次のうちどれか。

① 1985年，ソ連共産党書記長に就任したフルシチョフは，国内的にはペレストロイカとよばれる改革を，対外的には緊張緩和政策を推進した。

② 1989年，東西冷戦体制，ドイツ分断の象徴といわれたベルリンの壁が崩壊し，その翌年，東西ドイツの統一がなされた。

③ 1989年，レーガン大統領とゴルバチョフ最高会議議長がマルタ会談を行い，冷戦の終結を宣言した。

④ 1991年に起こった湾岸戦争に対して，国連安全保障理事会の常任理事国5カ国は，国連憲章に基づいて多国籍軍を組織し，それを指揮した。

⑤ 1991年，ソ連の消滅によってワルシャワ条約機構が解体した。その後，旧ソ連と東欧諸国は新たに独立国家共同体（CIS）を結成した。

No.14

（解答 ▶ P.19）

核軍縮に関する次の記述 A ～ D のうち，妥当なもののみすべて挙げているのはどれか。

A　1954 年，アメリカがビキニ環礁において水爆実験を行い，付近で操業していた日本の漁船第五福竜丸が「死の灰」を浴びた。

B　1963 年，部分的核実験禁止条約（PTBT）がアメリカ・イギリス・フランス・ソ連などの間で調印されたが，中国は大国による核の独占に反対して参加しなかった。

C　1968 年に調印された核不拡散条約（NPT）は，核保有国を限定し，それ以外の国による核兵器の製造を禁止するもので，米ソ英仏中の五大国のほか，日本・ドイツ・インドなど多くの国がこの条約に加盟している。

D　1996 年，包括的核実験禁止条約（CTBT）が国連で採択され，米ソ英仏中の五大国などの批准により発効し，地下核実験を含める核実験が全面的に禁止されることになった。

① A

② A，C

③ B

④ C

⑤ C，D

No.15

（解答 ▶ P.19）

戦後の日本外交についての記述で正しいものはどれか。

① 戦後の日本の外交三原則は，国際連合中心主義・自由主義諸国の一員としての立場の堅持・日米安全保障条約の遵守である。

② サンフランシスコ平和会議において，日本が全ての連合国と講和条約を結び独立を回復したのは 1951 年である。

③ 日ソ共同宣言によって，ソ連との国交を回復させ，平和条約を締結し，国際連合への加盟を果たしたのは 1956 年である。

④ 1972 年，日中共同声明によって中国との国交を回復し，1978 年，日中平和友好条約を締結した。ただし，日中共同声明の際，中華人民共和国を唯一の合法政府と認めたため台湾との政治的な交流は，ほぼない。

⑤ 1965 年，日韓基本条約が締結され，韓国との国交が正常化し，国家・個人レベルでの賠償も行った。ただし，韓国を朝鮮半島における唯一の合法政府としたため，北朝鮮とは断交しており，1991 年以来国交正常化交渉が始まったが，中断されることもしばしばある。

経　済

第1章 市場の形態

No.1 （解答 ▶ P.20）

リカードが挙げた生産の三要素の組合せで，正しいものはどれか。

ア　土地　　イ　労働力　　ウ　資本　　エ　労働手段　　オ　労働対象

① 　ア，イ，ウ

② 　ア，イ，オ

③ 　ア，エ，オ

④ 　イ，ウ，オ

⑤ 　イ，エ，オ

No.2 （解答 ▶ P.20）

現代資本主義経済の形成過程について，正しい流れは次のうちどれか。

① 　重商主義　　　→　重農主義　　　→　自由放任主義　→　現代資本主義

② 　重商主義　　　→　自由放任主義　→　重農主義　　　→　現代資本主義

③ 　自由放任主義　→　重商主義　　　→　重農主義　　　→　現代資本主義

④ 　重農主義　　　→　重商主義　　　→　自由放任主義　→　現代資本主義

⑤ 　重農主義　　　→　自由放任主義　→　重商主義　　　→　現代資本主義

No.3 （解答 ▶ P.20）

次のうち正しい組合せはどれか。

① 　トマス＝マン　　　　『外国貿易によるイギリスの財宝』　　重農主義

② 　メンガー　　　　　　『国富論』　　　　　　　　　　　　　限界効用学派

③ 　マルサス　　　　　　『経済表』　　　　　　　　　　　　　古典派

④ 　ケインズ　　　　　　『経済学及び課税の原理』　　　　　　近代経済学

⑤ 　J.S.ミル　　　　　　『経済学原理』　　　　　　　　　　　古典派

No.4

（解答 ▶ P.20）

アダム＝スミスが神の「見えざる手」と呼んだものは次のうちどれか。

① 自由放任

② 『国富論』

③ レッセ＝フェール

④ 価格の自動調節機能

⑤ 価格の下方硬直性

No.5

（解答 ▶ P.20）

マルクスが唱えた「可変資本」に該当するものはどれか。

① 工場

② 機械

③ 労働力

④ 原材料

⑤ 燃料

No.6

（解答 ▶ P.20）

貿易理論に関する次の記述の空欄A〜Cに当てはまる語句の組合せとして，妥当なものはどれか。

　国際分業の利益を主張する比較生産費説を最初に主張したイギリスの（　A　）は，19世紀前半に工業製品だけでなく農業の自由化をも主張して，農業保護を唱える（　B　）と対立した。

　一方，19世紀半ば当時，発展途上国であったドイツの（　C　）は，未熟な自国産業の育成のために，保護関税を課して他国の商品の輸入を防いだり，補助金を出して産業育成を図る必要があるという保護貿易論を説いた。

	A	B	C
①	アダム＝スミス	マルクス	ケインズ
②	アダム＝スミス	マルクス	リスト
③	リカード	マルクス	ケインズ
④	リカード	マルサス	リスト
⑤	アダム＝スミス	マルサス	ケインズ

「有効需要」に関する以下の記述のうち，誤っているものはどれか。

① 有効需要とは，実際に貨幣の支出をともなうことが裏付けされている需要のことをいう。

② ケインズは，社会の雇用量は有効需要の大きさで決定されるとした。

③ 完全雇用下では，有効需要の増大はインフレーションを招く危険がある。

④ この考え方を初めて国家の政策として採用したのが，アメリカのニューディール政策である。

⑤ A国がB国からある物を輸入した場合，その物はA国の生産物に対する有効需要となる。

次のうち，「3つの経済主体」が正しく書かれているものはどれか。

① 政府・日本銀行・市中銀行

② 家計・企業・市中銀行

③ 政府・家計・企業

④ 家計・日本銀行・市中銀行

⑤ 政府・企業・市中銀行

No.9

(解答 ▶ P.21)

図中の空欄 A 〜 E に入る語句の組合せとして正しいものは，次のうちどれか。

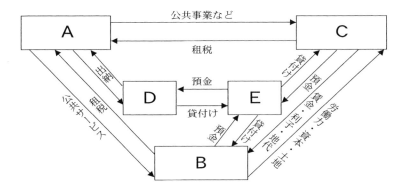

	A	B	C	D	E
①	政府	家計	企業	中央銀行	市中銀行
②	政府	企業	家計	市中銀行	中央銀行
③	家計	政府	企業	市中銀行	中央銀行
④	家計	企業	政府	中央銀行	市中銀行
⑤	政府	家計	企業	市中銀行	中央銀行

No.10

(解答 ▶ P.21)

以下の各企業のうち，公私合同企業に当たるものはどれか。

① JR 東日本

② 生活協同組合

③ 住宅金融公庫

④ 日本道路公団

⑤ NTT

No.11 (解答 ▶ P.21)

次の記述で誤りはどれか。

① 株式会社の出資者は１人でもよい。

② 株式の譲渡は自由に行える。

③ 株式会社の最低資本金は１億円である。

④ 株式会社は株式を小口に分け，多くの人々に購入してもらうため，多額の資本金を得ることができ，大規模化しやすい。

⑤ 株式会社の出資者は有限責任である。

No.12 (解答 ▶ P.21)

企業の代表的形態の１つである株式会社について，誤っているものは次のうちどれか。

① 株式会社の最高議決機関は株主総会であり，その議決権は株主１人（もしくは１社）につき１票という「１株主１票制」が採られている。

② 株式は転売や譲渡が自由に行えることから，株式の上場によって，より広範囲に資金を集めることができる。

③ 株式会社の資金調達は株式の発行以外にも銀行からの借り入れなどがあり，前者は自己資本に，後者は他人資本に含まれる。

④ 株式会社は資本と経営が分離しているので，出資者である株主ではない人間も，経営者である取締役になることができる。

⑤ 株式は誰でも購入することができるため，個人だけではなく，他の法人企業が株主となる場合もある。

No.13

（解答▶P.21）

以下の（　　）内に入る語句として，正しいものはどれか。

　（　　　　）の設立は，戦前の財閥復活や市場独占を阻止するため，戦後長らく禁止されていた。しかしバブル景気が崩壊し不況に陥った日本経済を立て直すためには，合併や買収，リストラを促進して激化する国際競争を生き残っていかなければならない。そこで，戦略的な経営を行えるようにするため1997年に独占禁止法を改正し，事業支配力が過度に集中する場合を除いて，（　　　　）の設立が解禁されたのである。

① 持株会社

② 多国籍企業

③ 複合企業

④ カルテル

⑤ M＆A

No.14

（解答▶P.21）

以下の各文のうち，『コングロマリット』について書かれたものはどれか。

① 全く業種の異なる企業を M＆A することによって成立した，複数の業種にまたがる企業形態のこと。

② 海外の複数の国家に事業そのものの拠点を持ち，世界的視野で意思決定を行う企業のこと。

③ 合併・買収のことで，買収企業が他企業を吸収したり傘下におさめたりすること。

④ 経営と事業の執行が分離されている企業において，業務執行責任を担う役職の中での最高経営責任者のこと。

⑤ 巨大な産業資本などが中心となって，様々な産業分野の企業を支配・統合する，企業集中形態のこと。

次の文中の空欄 A ～ D に当てはまる語の組合せとして，正しいものはどれか。

　現代の経済のように，市場を仲立ちとして生産や分配，消費が行われている経済を（　A　）という。

　（　A　）の下では，生産者は自分の生産物に対して，どのくらいの（　B　）があるかは，実際に市場に商品を出してみないとわからない。もし，（　B　）量が（　C　）量を上回っていれば，その商品の価格は上昇し，価格が上がると利潤が増えるので生産量を増やす。一方消費者は，価格が上がると買い控えるため消費量が減少する。すなわち，消費者も生産者も市場における商品の価格の動きを見て，自分たちの行動を決めているのである。

　このように，価格の変動を通して（　B　）と（　C　）が調整される働きは，価格の（　D　）と呼ばれる。

	A	B	C	D
①	貨幣経済	供給	需要	自動安定化装置
②	貨幣経済	需要	供給	自動安定化装置
③	市場経済	需要	供給	自動安定化装置
④	市場経済	需要	供給	自動調節機能
⑤	市場経済	供給	需要	自動調節機能

需要・供給の関係と価格の形成に関する次の記述のうち，妥当なものはどれか。

① ある商品に関して，需要量が供給量より多くなった場合，価格は下落する。

② ある商品に関して，供給量が需要量より多くなった場合，品不足が発生する。

③ 需要量は価格が下がれば下がるほど増加するので，需要曲線は右上がりである。

④ 一般に，生活必需品よりもぜいたく品のほうが，需要曲線の傾きは緩やかである。

⑤ 一般に，農産物よりも工業製品の方が，その供給曲線の傾きは急である。

No.17
（解答 ▶ P.22）

需要と供給に関する以下の記述のうち，正しいものはどれか。

① 一般に，超過需要が生じると価格は低下し，超過供給が生じると価格が上昇する。

② 需要曲線は，贅沢品の方が生活必需品よりも傾きが急なのが一般的である。

③ 価格の自動調節機能とは，価格そのものに商品の需要量と供給量を一致させる働きがあることをいい，通常，価格が上昇すると需要量が減少する。

④ 価格の下方硬直性とは，供給量が減ると価格が低下することをいう。

⑤ 価格の変化に対する需要の変化の割合のことを価格の弾力性というが，一般に生活必需品は価格の弾力性が大きい。

No.18
（解答 ▶ P.22）

需給曲線に関する以下の文中の（　　）内に入る語句の組合せとして，正しいものは次のうちどれか。

　縦軸に価格，横軸に数量をとると，右下がりになるのが（　ア　）曲線，左下がりになるのが（　イ　）曲線である。そしてこの曲線の交点が（　ウ　）価格となる。

	ア	イ	ウ
①	需要	供給	管理
②	供給	需要	管理
③	需要	供給	均衡
④	供給	需要	統制
⑤	供給	需要	均衡

自由競争下における価格形成に関する文中の空欄 A ～ D に入る語句の組合せとして正しいものは，次のうちどれか。

　ある商品の生産費を一定とすれば，価格が上がるほど供給量は（　A　）ので，供給曲線は（　B　）となる。逆に価格が下がるほどその商品への需要は（　C　）ので，需要曲線は（　D　）となる。結局，この商品の価格は両曲線の交点Eで決まる。

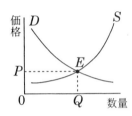

	A	B	C	D
①	増える	右上がり	減る	右下がり
②	減る	右上がり	減る	右下がり
③	増える	右下がり	増える	右上がり
④	減る	右下がり	減る	右上がり
⑤	増える	右上がり	増える	右下がり

No.20

（解答 ▸ P.22）

下の図は，需要・供給量と市場価格との関係を表したものである。需要曲線アが矢印の方向に移動して，イで示す需要曲線になった場合の記述として，妥当なものはどれか。

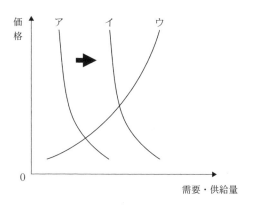

① 需要量が増大して，価格が下がった。

② 供給量が減少して，価格が上がった。

③ アからイへの移動の原因として，商品の生産コストの増加が考えられる。

④ アからイへの移動の原因として，所得の増大が考えられる。

⑤ アからイへの移動の原因として，増税が考えられる。

No.21

（解答 ▸ P.23）

下の図は，ある商品の需要曲線と供給曲線を表している。この図を説明した次の文章 A ～ C について，その正誤の組合せとして妥当なものはどれか。

A　この2つのグラフのうち，供給曲線はア，需要曲線はイである。この2つのグラフの交点が示している価格 P_2 が均衡価格となる。

B　この商品の売れ残りが生じるのは価格が P_3 のときで，この場合は商品の価格が上昇する。

C　この商品の品不足が生じるのは価格が P_1 のときで，その不足量は $(Q_4 - Q_2)$ である。

```
    A    B    C
①  正   正   正
②  正   正   誤
③  正   誤   正
④  誤   誤   誤
⑤  誤   誤   正
```

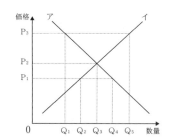

次のうち，市場で完全競争市場が成立するために必要な条件として，正しいものはどれか。

① 生産者の設定した価格によって，市場が成立すること。

② 価格で競争が行われず，広告・宣伝などによって競争を行うこと。

③ 売り手と買い手が多数存在していること。

④ 一度価格が設定されると，あまり上下しないこと。

⑤ 生産者が市場に新規参入するとき，一定の制限がかかること。

管理価格に関する記述として正しいものは，次のうちどれか。

① 商品の平均生産費に平均利潤を加えたもので，A.スミスの自然価格に相当する。

② 完全自由競争市場において，需要量と供給量が一致したときの価格である。

③ 有力企業がプライス＝リーダーとして価格を設定し，他の企業がこれに追随する場合の価格のことである。

④ 一定の目的から，政府によって統制される価格のことで，電気・ガスなどの公共料金がこれに当たる。

⑤ 商品が実際に市場で売買される価格のことで，需給関係で上下する。

下文は独占体の形態に関する記述の一部であるが， ☐☐☐☐**内に入る適当な語の組合せとして正しいのはどれか。**

「 A は，同一産業に属する企業が互いに独立したままで，生産量，価格，販売ルート等について協定を結ぶ独占の形態であり， B は，一つの会社が同種・異種を問わず，複数の企業の株式を取得して支配する独占体である。」

	A	B
①	カルテル	トラスト
②	トラスト	シンジケート
③	コンツェルン	トラスト
④	カルテル	コンツェルン
⑤	カルテル	コングロマリット

No.25

(解答 ▶ P.23)

市場メカニズムに関する次の記述の空欄A〜Dに当てはまる語句の組合せとして，妥当なものはどれか。

（　A　）では，企業は高利潤を得るため，生産量を抑えて価格を上昇させようとする。その結果，社会的に必要な財が不足して，消費者は高い価格の商品しか購入できなくなり，（　B　）が失われてしまう。このように価格の自動調節機能がそこなわれることを（　C　）という。（　C　）をおぎなうために，財政政策や（　D　）などの経済政策による政府の介入が必要となる。

	A	B	C	D
①	寡占市場	資源配分の効率性	市場の失敗	消費者基本法
②	寡占市場	価格の下方硬直性	政府の失敗	独占禁止法
③	寡占市場	資源配分の効率性	市場の失敗	独占禁止法
④	自由市場	価格の下方硬直性	政府の失敗	消費者基本法
⑤	自由市場	価格の下方硬直性	市場の失敗	独占禁止法

No.26

(解答 ▶ P.23)

各法則についての説明で誤りはどれか。

① 収穫逓減の法則 ———— 労働力や生産財を投下する場合，収穫量は投下した労働量や生産財に比例して増加する。

② 供給の法則 ———— 価格が上昇すれば供給は増加し，価格が下落すれば供給が減少する。

③ エンゲルの法則 ———— 全生活費のうち，飲食物費の占める割合が高いほど生活水準が低い。

④ ペティ＝クラークの法則 —— 経済の発展，国民所得の増大につれて産業構造の比重は第一次産業→第二次産業→第三次産業と移行する。

⑤ 一物一価の法則 ———— 完全な自由競争が行われているとき，一つの物には一つの価格しか成立しない

市場と価格についての次の記述のうち，明らかに誤っているものはどれか。

① 管理価格は，寡占市場において，業界内のプライス＝リーダーの設定した価格に他の企業が追随する場合に形成されやすい。

② 均衡価格とは，完全競争市場において需要量と供給量の一致したときの価格をいう。

③ 統制価格とは，一定の政策目的によって設定されている価格のことであり，市場メカニズムの例外とされる。

④ 非価格競争とは，寡占市場における価格以外の面での競争をいう。例えば，デザイン，品質，アフターサービスなどによる販売競争のことである。

⑤ 価格の下方硬直性とは，寡占市場における管理価格のもとでは需要が増大しても価格は低いままに維持され，上がりにくくなることをいう。

第2章 景気と金融政策

No.1

（解答 ▶ P.24）

通常，不況時には物価が下がるのが一般的であるが，1970年代から不況時にもかかわらず物価が上昇する現象が起きはじめた。この現象のことを何というか。

① ディマンド＝プル＝インフレーション
② デフレーション
③ ハイパー＝インフレーション
④ スタグフレーション
⑤ デノミネーション

No.2

（解答 ▶ P.24）

インフレーションによる生活への影響について，正しいものは次のうちどれか。

① 資産は，現金で保有した方が土地などで保有するよりも有利になる。
② 実質賃金の上昇により，消費者の購買意欲が増加する。
③ 年金生活者や生活保護世帯は，生活が楽になる。
④ 通貨の対外価値上昇により，輸入品の国内価格は下落する。
⑤ 債務者の実質的な返済の負担は減少する。

No.3

（解答 ▶ P.24）

次の5つの方策の中でインフレーションになった場合の対策として考えられないのはどれか。

① 生産減少
② 消費抑制
③ 人員増強
④ 生産増強
⑤ 公債発行を行わない

（解答 ▶ P.24）

低金利政策が行われるとき，期待される効果とはいえないものはどれか。

① 有効需要の増大

② 商品価格の引き下げ

③ 設備投資の活発化

④ 雇用の促進

⑤ 所得の増大

 （解答 ▶ P.25）

以下の日本銀行と金融政策に関する記述のうち，正しいものはどれか。

① 日本銀行は，日本銀行券を独占的に発行する。

② 日本銀行は銀行の銀行として，一般企業や個人，金融機関と取引を行う。

③ 景気が過熱しているとき，政策金利は引き下げられる。

④ 景気が停滞しているとき，売りオペレーションを行う。

⑤ 不況期，預金準備率は引き上げられる。

 （解答 ▶ P.25）

以下の空欄ア～ウに入る語句の組合せとして正しいのは，次のうちどれか。

日本銀行の金融政策のひとつに（　ア　）がある。これは市中銀行の資金が多いとき有価証券を
（　イ　）し，資金不足のときは（　ウ　）することにより通貨量を調整することである。

	ア	イ	ウ
①	政策金利	売却	買上げ
②	公開市場操作	売却	買上げ
③	公開市場操作	買上げ	売却
④	預金準備率操作	買上げ	売却
⑤	政策金利	買上げ	売却

No.7 (解答 ▶ P.25)

中央銀行の金融政策に関する以下の記述のうち，正しいものの組合せはどれか。

ア　景気が過熱気味の時，低金利政策を採る。

イ　インフレ気味の時，売りオペレーションを行う。

ウ　景気が停滞した時，預金準備率を引き上げる。

エ　デフレ傾向にある時，預金準備率を引き下げる。

①　ア，イ

②　ア，ウ

③　ア，エ

④　イ，ウ

⑤　イ，エ

No.8 (解答 ▶ P.25)

デフレーションが進行しているときに行われる金融政策の組合せとして，正しいものは次のうちどれか。

①　政策金利の引き下げ ——— 預金準備率引き上げ ——— 買いオペレーション

②　政策金利の引き上げ ——— 預金準備率引き下げ ——— 売りオペレーション

③　政策金利の引き下げ ——— 預金準備率引き下げ ——— 買いオペレーション

④　政策金利の引き上げ ——— 預金準備率引き上げ ——— 売りオペレーション

⑤　政策金利の引き上げ ——— 預金準備率引き上げ ——— 買いオペレーション

No.9 (解答 ▶ P.25)

日本銀行の機能に関する記述として正しいものは，次のうちどれか。

①　日本銀行運営の基本方針や金融政策などは，財務大臣によって決定される。

②　日本の通貨である日本銀行券と補助貨幣を独占的に発行する。

③　景気調整を目的とした金融政策を行う。

④　市中銀行に対し貸付けを行うが，預金の受け入れは行わない。

⑤　政府の銀行として公債の発行を決定する。

金融政策に関する次の記述のうち，妥当なものはどれか。

① 景気が過熱したときには，中央銀行は政策金利を引き上げ，金利水準を全般的に上昇させようとする。

② 金融市場で資金があふれているとき，中央銀行が手持ちの公債などを市場で売ると，市場に通貨が供給され金融緩和となる。

③ 中央銀行による預金準備率の引き下げは，市中銀行による企業への貸し出しが抑えられることで，金融引締めの効果を持つ。

④ 中央銀行は，公共投資や租税を操作することによっても景気の調整を行うことができる。

⑤ 財政政策と比べて金融政策は，必要と判断されてから実施されるまでに時間がかかる。

次のA～Dの中から，日本銀行の機能だけをすべて挙げている組合せは，次のうちどれか。

A 通貨量調整のため，市場で手形や有価証券を売買する。

B 公債を発行することによって，借り入れを行う。

C 経済や金融の状況に応じて，紙幣を発行する。

D 金融機関の検査・監督および国内金融制度の企画・立案を行う。

① A，B

② A，C

③ B，C

④ C，D

⑤ A，D

中央銀行は，政策金利操作，公開市場操作，預金準備率操作などの手段で通貨量を変化させ，物価の安定，景気変動の緩和などの政策目標の実現を図っている。これらに関する次の記述のうち，A，D，E，Jに入るものの組合せとして妥当なのはどれか。

○ 中央銀行が政策金利を変更すると，市中金融機関の貸し出し金利や預金金利が連動して，通貨量を調節することができる。景気の回復を図るときは，中央銀行は政策金利を（　A　），景気が過熱したときには，政策金利を（　B　），金利水準を全般的に（　C　）させようとする。

○ 中央銀行は，金融市場で公債その他の債券を売買操作して通貨量を調整することができる。金融市場で資金があふれているときには，中央銀行が公債などを市場で（　D　）と，通貨が（　E　）されて金融（　F　）となる。金融市場で資金が不足しているときには，中央銀行が市場で公債などを（　G　）と通貨が（　H　）されて金融（　I　）となる。

○ 市中金融機関は預金量のうち一定割合を中央銀行に預けなければならないが，中央銀行はその割合を増減させて通貨量を調節することができる。金融引き締めの効果を生むためには，この割合を（　J　）ことによって，市中金融機関は受け入れた預金のうち中央銀行に預けなければならない通貨が（　K　），新たに外部に貸し出す資金が（　L　）なる。

	A	D	E	J
①	引き下げ	買う	市場に供給	引き下げる
②	引き下げ	売る	市場から吸収	引き上げる
③	引き下げ	売る	市場に供給	引き上げる
④	引き上げ	売る	市場に供給	引き上げる
⑤	引き上げ	買う	市場から吸収	引き下げる

第3章 財政政策と税金・通貨

No.1

（解答 ▶ P.26）

財政収支の適切な伸縮によって，景気を自動的に安定させるしくみを何というか。

① ポリシー＝ミックス

② オープン＝マーケット＝オペレーション

③ スタグフレーション

④ ビルト＝イン＝スタビライザー

⑤ チープ＝ガバメント

No.2

（解答 ▶ P.26）

次の文中のア～ウに当てはまる語句の組合せで正しいものはどれか。

　財政によって経済の安定を図ることを（　ア　）といい，特に不況期の財政支出を（　イ　）という。また，財政政策と金融政策を合わせて行うことを（　ウ　）という。

	ア	イ	ウ
①	ポリシー＝ミックス	フィスカル＝ポリシー	ビルト＝イン＝スタビライザー
②	フィスカル＝ポリシー	ポリシー＝ミックス	スペンディング＝ポリシー
③	フィスカル＝ポリシー	スペンディング＝ポリシー	ポリシー＝ミックス
④	スペンディング＝ポリシー	フィスカル＝ポリシー	ポリシー＝ミックス
⑤	ビルト＝イン＝スタビライザー	フィスカル＝ポリシー	スペンディング＝ポリシー

No.3

（解答 ▶ P.26）

下の5つの財政政策のうち，景気の回復策として，最も有効であると思われるものはどれか。

① 税金の引き上げ

② 預金準備率の引き上げ

③ 財政支出の増大

④ 政策金利の引き上げ

⑤ 紙幣の増発

No.4

（解答▶P.26）

下記文中の空欄ア～エに当てはまる語句の組合せとして，正しいものはどれか。

　財政の役割として，まず挙げられるのが（　ア　）である。歳入面では，所得税などで（　イ　）制を
とり，高額所得者に対して高い税負担を求め，歳出面において社会保障を通じて低所得者を保護すること
で，所得の格差を是正している。第二に，道路などの公共財を供給することによって（　ウ　）の機能を
果たしている。第三の役割は景気調整である。現代の財政には，景気を自動的に安定させる（　エ　）が
備っている他，補整的財政政策を行い，意識的に景気を安定させる。

	ア	イ	ウ	エ
①	計画経済機能	累進課税	所得の再分配	フィスカル＝ポリシー
②	所得の再分配機能	累進課税	資源配分調整	フィスカル＝ポリシー
③	計画経済機能	比例税	資源配分調整	ビルト＝イン＝スタビライザー
④	計画経済機能	比例税	所得の再分配	フィスカル＝ポリシー
⑤	所得の再分配機能	累進課税	資源配分調整	ビルト＝イン＝スタビライザー

No.5

（解答▶P.26）

次の各税のうち，財産の格差縮小に直接的な効果を持つとされる税はどれか。

① 所得税

② 消費税

③ 相続税

④ 法人税

⑤ 住民税

No.6

（解答▶P.27）

国税と地方税，直接税と間接税の組合せで正しいものはどれか。

	国税・直接税	国税・間接税	地方税・直接税	地方税・間接税
①	所得税	ゴルフ場利用税	地価税	石油ガス税
②	贈与税	酒税	事業税	自動車取得税
③	法人税	とん税	揮発油税	入湯税
④	固定資産税	たばこ税	地方道路税	軽油引取税
⑤	相続税	石油石炭税	住民税	関税

租税に関する次の文中の空欄ア～オに当てはまる語の組合せとして，正しいものはどれか。

　日本で徴収される租税を徴収方法によって分けると，所得税や固定資産税は（　ア　）税であり，消費税やたばこ税は（　イ　）税になる。消費税は各人の所得に全く格差がなければ公平な税負担となるが，実際には所得格差があるので，所得の低い人ほど税の負担が重くなるという（　ウ　）性を持っている。一方所得税の税率は，所得の多い人ほど高くなる（　エ　）性を持っているものの，業種によって税務当局が把握することのできる所得の割合が異なるので，同じ所得の人でも税の負担が異なる事態が生じやすく，（　オ　）が損なわれるという問題が起きる。

	ア	イ	ウ	エ	オ
①	直接	間接	逆進	累進	水平的公平
②	直接	間接	累進	逆進	水平的公平
③	直接	間接	累進	逆進	垂直的公平
④	間接	直接	逆進	累進	垂直的公平
⑤	間接	直接	累進	逆進	水平的公平

租税に関する次の記述のうち，妥当なものはどれか。

① 消費税は，税負担の水平的公平を図るうえで，所得税よりも優れた機能を持っている。

② 所得税や酒税などは直接税であり，消費税や法人税などは間接税に分類される。

③ 消費税などの間接税が生活必需品などに課せられると，低所得者ほど負担率の高くなる累進課税になりやすい。

④ 一般的に，農業・自営業・サラリーマンの各所得の捕捉率は，農業の方がサラリーマンより高いといわれている。

⑤ 戦後日本の税制は，シャウプ税制勧告による間接税中心主義を採ってきた。

No.9 （解答 ▸ P.27）

一般に「公債発行特例法」と呼ばれる法律によって発行される，歳入不足を補うための債券は，次のうちどれか。

① 　地方債

② 　建設国債

③ 　一般事業債

④ 　赤字国債

⑤ 　政府関係機関債

No.10 （解答 ▸ P.27）

公債についての説明として誤りはどれか。

① 　不況における公債の発行は，一応不況対策の一つとして有効といえる。

② 　大量に公債を発行した場合，財政の硬直化をもたらす。

③ 　公債発行に見合うだけの生産の増加がないとデフレーションを招く。

④ 　公債を市中消化すると，中央銀行引き受けに比べてインフレーションを抑えやすい。

⑤ 　公債を大量に発行すると，民間投資が不活発になる可能性がある。

No.11 （解答 ▸ P.28）

日本の政府予算に関する以下の記述のうち，誤っているものはどれか。

① 　歳入面で令和5年度予算案を見ると，前年に比べて租税及び印紙収入は増えているが，公債金（特例公債金を含む）は減っている。

② 　所得税や法人税の一定割合は，地方交付税交付金として支出されなければならない。

③ 　防衛関係費の支出割合は，一般会計歳出総額の1％未満にすることが閣議決定されている。

④ 　令和5年度予算案の一般会計歳出項目のうち，国債費の占める割合はおよそ22％である。

⑤ 　令和5年度予算案の一般歳出で最も大きな割合を占めているのは，社会保障関係費である。

政府が下のA～Dのような経済政策目標の達成を望む場合，それに主として貢献すると思われるア～エの制度・手段を組み合わせたものとして，正しいものはどれか。

A　競争の促進

B　所得の再分配

C　資源配分の適正化

D　完全雇用の実現

ア　貿易の自由化

イ　公共投資政策

ウ　累進課税制度

エ　生活関連社会資本の整備

	A	B	C	D
①	ア	ウ	エ	イ
②	イ	ウ	ア	エ
③	イ	エ	ウ	ア
④	ア	イ	ウ	エ
⑤	エ	ア	イ	ウ

通貨制度に関する以下の記述のうち，正しいものはどれか。

① 金本位制度による通貨制度を採用すると，通貨の供給量は中央銀行が保有している金の量に左右される。

② 日本では，1871年に制定された新貨条例によって，管理通貨制度が採用された。

③ 第二次世界大戦後のマーシャル＝プランによって，日本は金本位制度から離脱した。

④ 管理通貨制度のもとでは，市中銀行が預金準備率を操作することで，通貨供給量を調整することができる。

⑤ 1971年，金とドルの交換停止（いわゆる「ドル＝ショック」）が起こったことを契機として，日本は金本位制度から管理通貨制度に移行した。

No.14
（解答▶P.28）

通貨制度に関する以下の記述のうち，正しいものはどれか。

① 管理通貨制度を採用すると，金との交換が保障されている兌換紙幣と，交換ができない不換紙幣の2種類の紙幣が発行される。

② 小切手や手形などの補助貨幣は，貨幣としての機能を果たしているので，通貨供給量に含まれる。

③ 金本位制度は，金貨を本位貨幣とする通貨制度で，通貨供給量はその国の金の埋蔵量および産出量と一致する。

④ 金本位制度は，第二次世界大戦後も長らく先進国の通貨体制として存続していたが，1985年のプラザ合意によって廃止されることが決まった。

⑤ 管理通貨制度を採用すると，通貨量の調整を政府や中央銀行が行えるため，景気調整のための金融財政政策が容易に行える。

No.15
（解答▶P.28）

貨幣と通貨制度に関する次の記述のうち，妥当なのはどれか。

① 貨幣には価値尺度，交換手段，価値貯蔵手段としての機能があるが，このうち価値貯蔵手段が貨幣の本源的機能である。

② 通貨には大きく分けて現金通貨と預金通貨があり，現金通貨は全て日本銀行が発行している。

③ 金本位制度とは，金を通貨の価値の基準とする通貨制度であり，通貨供給量はその国の金の保有量に依存している。

④ 管理通貨制度のもとでは，中央銀行は金の保有量とは関係なく経済や金融の状況に応じて兌換紙幣を発行し，金融を調整している。

⑤ 管理通貨制度のもとでは，通貨の発行による景気調整が可能であるが，通貨の安易な増発によってデフレーションを引き起こす危険性がある。

No.16
（解答▶P.28）

マネー＝ストックの指標「M₂」の計算に含まれない機関は次のうちどれか。

① 日本銀行

② 外国銀行の在日支店

③ 信用金庫

④ ゆうちょ銀行

⑤ 農林中央金庫

第4章 国民所得と景気変動

No.1

（解答 ▶ P.29）

国民経済を計算する指標の一つで，一定期間内に国内で生産された付加価値の総額を表すものは，次のうちどれか。

① GNP

② GDP

③ NNP

④ NIP

⑤ NIE

No.2

（解答 ▶ P.29）

次の式に適合する語句はどれか。

GDP = GNP － ☐

① 中間生産物

② 海外への純所得

③ 減価償却費

④ 間接税 + 補助金

⑤ 海外からの純所得

No.3

（解答 ▶ P.29）

次の式に適合する語句はどれか。

NI = ☐ － 間接税 + 補助金

① GNP － NNP

② GNP － NNW

③ GNP － 減価償却費

④ 総生産額 － 中間生産物

⑤ NNP － 減価償却費

No.4
(解答▶P.29)

国民経済計算において，公害や自然環境の悪化などのマイナス要因を差し引き，主婦の家事労働や余暇の増大などのプラス要因を加えることで国民の福祉水準を示す考え方を何というか。

① NNW

② NI

③ NNP

④ NIP

⑤ NID

No.5
(解答▶P.29)

実質経済成長率を正しく記しているものはどれか。ただし G_1 は今年の実質国内総生産，G_0 は前年の実質国内総生産を表す。

① $\dfrac{G_1 - G_0}{G_0} \times 100$ （％）

② $\dfrac{G_0 - G_1}{G_1} \times 100$ （％）

③ $\dfrac{G_0}{G_0 - G_1} \times 100$ （％）

④ $\dfrac{G_0}{G_1 - G_0} \times 100$ （％）

⑤ $\dfrac{G_1}{G_0 - G_1} \times 100$ （％）

No.6
(解答▶P.29)

昨年の実質 GDP を 360，今年の実質 GDP を 540 とした場合の実質経済成長率はどれか。

① 30％

② 40％

③ 50％

④ 60％

⑤ 70％

No.7　　　　　　　　　　　　　　　　　　　　　　　　　　　　　　（解答 ▶ P.29）

昨年度の実質 GDP が 660，今年度の名目 GDP が 884，今年度の対前年度物価指数が 130 とした場合，実質経済成長率はおよそいくらか。

① 　− 5.5%

② 　3.0%

③ 　11.9%

④ 　14.2%

⑤ 　74.1%

No.8　　　　　　　　　　　　　　　　　　　　　　　　　　　　　　（解答 ▶ P.30）

GDP が 250，間接税が 15，減価償却費が 41，海外からの純所得が 27，補助金が 6 である場合の国民所得として正しいものは，次のうちどれか。

① 　243

② 　227

③ 　215

④ 　173

⑤ 　161

No.9　　　　　　　　　　　　　　　　　　　　　　　　　　　　　　（解答 ▶ P.30）

一国の経済活動の規模やその拡大を図る指標に関する以下の記述のうち，正しいものはどれか。

① 　国内総生産（GDP）は，一国の経済活動の規模を示す一つの指標であり，一国の国民が 1 年間に生産した付加価値を合計したものである。

② 　経済成長率には，実質経済成長率と名目経済成長率があり，実質経済成長率は，名目経済成長率から為替相場の変動分を除いて算出したものである。

③ 　生産 GDP，分配 GDP，支出 GDP は，GDP の流れを 3 つの側面からとらえたものであるため，それぞれの額は一致する。これを三面等価の原則という。

④ 　医療や介護は生産に直結することがないため，医療費や介護費用が増大しても，GDP が直接増大することはない。

⑤ 　自宅で行う家事労働や地域で行うボランティア活動は，無償で行われるため，これらの活動が増大しても，GDP の増大とは結びつかない。

No.10　(解答 ▶ P.30)

次の経済用語に関する記述として，妥当なのはどれか。

① 消費者物価指数とは，総務省が作成している，消費者が購入する商品やサービスの価格の水準を，総合的に示すための指標のことである。

② 完全失業率とは，18歳以上の人口に占める，1年以上職についていない人口の割合のことであり，2022年には2.6％となっている。

③ 国民所得（NI）とは，国民経済が一定期間に生産した最終生産物の価格の合計のことであり，国民総生産（GNP）から間接税を差し引き，政府からの補助金を加えることによって算出される。

④ 公開市場操作とは，政府による景気対策の手段のことで，公共投資や公共事業によって市場に刺激を与える政策のことである。

⑤ コスト＝プッシュ＝インフレーションとは，需要が供給を超過することを原因として生じるインフレーションのことである。

No.11　(解答 ▶ P.30)

景気変動の波と，その要因の組合せとして正しいものはどれか。

① コンドラチェフの波 ――― 建築物の建て替え

② ジュグラーの波 ――――― 設備投資

③ キチンの波 ―――――― 技術革新

④ クズネッツの波 ―――――― 在庫投資の増減

⑤ リカバーの波 ―――――― 家庭用電化製品の買い替え

No.12　(解答 ▶ P.30)

景気変動の波とその周期の組合せとして，正しいものはどれか。

① クズネッツの波 ――― 50年

② コンドラチェフの波―― 10年

③ 中期波動――――― 20年

④ キチンの波―――――― 40カ月

⑤ 短期波動――――― 10カ月

景気循環のうち，技術革新による生産技術の変化により起こるとされる波動は，次のうちのどれか。

① クズネッツの波

② キチンの波

③ ジュグラーの波

④ クーリングオフの波

⑤ コンドラチェフの波

景気循環に関する次の記述のうち，妥当なものはどれか。

① 生産が減退し，投資・雇用の縮小が始まる景気の後退期には，雇用は減少し政策金利は下降する。

② 不況から経済活動が上昇する景気の回復期には，物価が下降し雇用は増加する。

③ キチンの波とは，設備投資を原因とする景気循環のことであり，その周期は10年程度である。

④ コンドラチェフの波とは，技術革新を原因とする景気循環のことであり，その周期は20年程度である。

⑤ ある年のGDPが100兆円，前年のGDPが90兆円であった場合，その年の経済成長率は10％となる。

第2編

第5章 国際経済

No.1 (解答▶P.31)

国際収支を示した図表でCに当てはまるものはどれか。

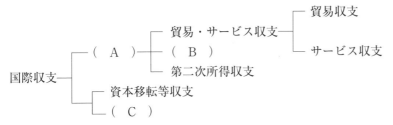

① 金融収支

② 経常収支

③ 総合収支

④ 第一次所得収支

⑤ 資本収支

No.2 (解答▶P.31)

国際収支の概念について，正しいものはどれか。

① 経常収支に金融収支を加えたものが国際収支である。

② 貿易・サービス収支に第一次所得収支を加えたものが経常収支である。

③ 外貨準備は第二次所得収支に含まれる。

④ 商品の輸出と輸入の差は貿易収支である。

⑤ 以前の経常移転収支は，資本移転等収支に名称変更された。

No.3 (解答▶P.31)

国際収支の中の経常収支に含まれるものの組合せとして，正しいものはどれか。

A 第一次所得収支　　B 資本収支　　C 第二次所得収支

D 金融収支　　E 貿易・サービス収支

① A，B，E

② A，C，E

③ B，D，E

④ B，C，D

⑤ C，D，E

No.4 （解答 ▶ P.31）

次のうち，国際収支の第二次所得収支に含まれるものはどれか。

① 国際機関への拠出金

② 海外への直接投資

③ 道路建設のための無償資金援助

④ 特許権等使用料

⑤ 商品の輸出入

No.5 （解答 ▶ P.31）

国際収支に関する次の記述の正誤を，正しく組み合わせているのはどれか。

A 経常収支は，貿易・サービス収支，第一次所得収支，第二次所得収支に大きく分けられる。第二次所得収支は，海外投資に伴う利子・配当金の受払いを示す投資利益などからなる。

B 道路や港湾施設建設のために政府が外国に対して行う援助は，資本移転等収支に含まれる。

C 日本が海外に直接投資を行った場合，日本の金融収支は赤字となる。

　　　A　B　C

① 正　誤　誤

② 正　正　誤

③ 誤　誤　正

④ 誤　正　正

⑤ 誤　誤　誤

No.6 （解答 ▶ P.32）

ある国において，貿易・サービス収支が 8.2，資本移転等収支が－ 0.8，金融収支が－ 7.9，第一次所得収支が 10.5 だった。誤差脱漏を除いた国際収支が 20.3 だったとすると，第二次所得収支はいくらか。

① 12.4

② 10.3

③ 1.6

④ － 6.3

⑤ － 7.1

No.7

（解答 ▶ P.32）

次のA～Cに入る語句の組合せとして，正しいものはどれか。

1ドルが200円から100円になることを（　A　）という。この場合，日本からアメリカへの輸出は（　B　）になるが，輸入は（　C　）になる。

	A	B	C
①	円高	不利	有利
②	円安	不利	有利
③	円高	有利	不利
④	円安	有利	不利
⑤	ドル高	不利	有利

No.8

（解答 ▶ P.32）

日本の国際収支や貿易と重要な関連のある円高，円安に関する記述として，正しいものは次のうちどれか。

① 円安になると輸出は減少して輸入が増え，国際収支は赤字から黒字に転化する。

② 円高になると輸出が増加して国際収支は黒字となり，輸入品は割高となる。

③ 円高とは1ドル100円から120円になる等の場合で，輸出入とも活発になる。

④ 日本の国際収支の赤字が続くと，為替相場は円高となってくる。

⑤ 円安とは1ドル100円から120円になる等の場合で，輸出はしやすくなるが，輸入品は高くなる。

No.9

（解答 ▶ P.32）

次の円相場に関する記述中の空欄A～Cに入る語句の組合せとして，正しいものはどれか。

2012年10月には1米ドル＝80円前後だった円相場は，2020年10月時点1米ドル＝104～106円台で推移している。このような円相場の変動理由の1つに，輸出入の変化が考えられる。例えば，輸出が多くなると，日本に流入する外貨が多くなり，（　A　）が進む。その結果，（　B　）が増え，（　C　）になるのである。

	A	B	C
①	ドル買い	ドルの需要	円高
②	ドル買い	ドルの需要	円安
③	ドル買い	円の需要	円高
④	円買い	円の需要	円高
⑤	円買い	ドルの需要	円安

日本の円相場に関する以下の記述の（　　）内に入る語句として，正しい組合せは次のうちどれか。

　1985 年のプラザ合意によって，合意前当時 1 ドル＝（　A　）円前後だった円相場は，円高が進んだ。変動相場制の採用後，ドルに対して一番円高だったのは 2011 年であり，このときの円相場は 1 ドル＝（　B　）円台であった。

	A	B
①	300	65
②	250	75
③	200	65
④	250	65
⑤	300	75

外国為替相場に関する記述として，妥当なものはどれか。

① 日本の金利が外国よりも高い場合，円高・ドル安となる。

② 円の供給が増加し，またはドルの需要が増大した場合，円高・ドル安となる。

③ 日本は 1985 年のプラザ合意まで，為替レートを 1 ドル＝ 360 円に固定していた。

④ 円高とは，例えば 1 ドル＝ 100 円が 110 円になることであり，このとき輸出に有利，輸入に不利になる。

⑤ 日本の輸入が増加した場合，円売り・ドル買いが増え，その結果，円高・ドル安となる。

No.12

（解答 ▶ P.32）

中央銀行は，急激な為替変動に対応するため，市場に介入することがある。以下の記述は，日本銀行の外国為替市場への介入について書かれたものであるが，その正誤の組合せとして正しいものは，次のうちどれか。

A　急激な円高に対応するには，ドル売りを行う。

B　ドル買いを実施すると，国内の通貨供給量が増加する。

C　ドル買いを実施すると，日本の外貨準備高は増加する。

	A	B	C
①	正	正	正
②	正	誤	誤
③	誤	正	正
④	誤	誤	誤
⑤	誤	正	誤

No.13

（解答 ▶ P.33）

外国為替相場に関する記述として正しいものは次のうちどれか。

① ドルに対する為替レートが円安に進むと，輸入品の価格が低下するので，日本の物価を引き下げる効果がある。

② 変動相場制より固定相場制のほうが，海外の預金を自国の通貨で計算したときの価値が，より不安定になる。

③ 変動相場制より固定相場制のほうが，海外で得た賃金の本国での価値が，より不安定になる。

④ 変動相場制の下で日本からアメリカ合衆国への輸出が増大すると，為替レートはドルに対して円安の方向に向かう。

⑤ 変動相場制より固定相場制のほうが，二国間の輸出競争力の違いによる貿易不均衡を解消しにくい。

（解答 ▸ P.33）

第二次世界大戦後，自由貿易を推進するために組織されたものはどれか。

① ILO
② COMECON
③ IMF
④ NIES
⑤ GATT

（解答 ▸ P.33）

国際金融機関の一つで，発展途上国に対してゆるやかな返済条件で融資を行う機関として最も妥当なのは，次のうちどれか。

① IMF
② IBRD
③ OECD
④ UNCTAD
⑤ IDA

（解答 ▸ P.33）

OECD の下部組織で，発展途上国への援助の促進を図る組織はどれか。

① UNCTAD
② DAC
③ ADB
④ IFC
⑤ JICA

No.17 (解答 ▶ P.33)

ブレトン＝ウッズ協定に基づき設立された国際機関の組合せとして，正しいものはどれか。

① 国連児童基金（UNICEF），世界保健機関（WHO）
② 国際通貨基金（IMF），世界貿易機関（WTO）
③ 国際労働機関（ILO），国際食糧農業機関（FAO）
④ 国際復興開発銀行（IBRD），国際開発協会（IDA）
⑤ 国際通貨基金（IMF），国際復興開発銀行（IBRD）

No.18 (解答 ▶ P.33)

以下の説明文に該当する国際機関として正しいものは，次のうちどれか。

　開発途上国の経済的困難が国際的な協力によって解決されない限り，世界の平和や繁栄もあり得ないとの考えの下，いわゆる「南北問題」の存在を指摘する声が1960年代に高まった。

　このような考え方を背景として設立されたこの機関は，途上国の貿易，投資，開発の機会を最大化し，グローバリゼーションから生じる問題に直面する途上国を支援し，対等な立場で世界経済へ統合することを目的としている。

① UNCTAD
② OECD
③ UNICEF
④ UNESCO
⑤ IMF

No.19 (解答 ▶ P.33)

次の国際組織を英略称に直した場合，使われていないアルファベットはどれか。

・石油輸出国機構
・経済協力開発機構
・アジア太平洋経済協力
・欧州連合
・世界貿易機関

① U
② T
③ I
④ A
⑤ P

（解答 ▸ P.34）

今日の EU の原点となる EC が発足した当時の加盟国として，正しい組合せはどれか。

① フランス，ベルギー，イギリス，ルクセンブルク，ドイツ，イタリア

② ベルギー，スペイン，アイルランド，デンマーク，オランダ，イタリア

③ スペイン，イギリス，ポルトガル，フランス，ギリシャ，ルクセンブルク

④ デンマーク，ギリシャ，イタリア，ポルトガル，ルクセンブルク，オランダ

⑤ オランダ，ベルギー，イタリア，ルクセンブルク，ドイツ，フランス

No.21   （解答 ▸ P.34）

EU 加盟国ではない国の組合せとして，正しいものはどれか。

① ノルウェー，デンマーク，スイス，オランダ

② ポルトガル，リヒテンシュタイン，ギリシャ，オーストリア

③ スペイン，ルクセンブルク，アイスランド，フィンランド

④ ノルウェー，スイス，リヒテンシュタイン，アイスランド

⑤ スイス，アイルランド，スウェーデン，フィンランド

No.22   （解答 ▸ P.34）

次の国家のうち，EU には加盟しているが，単一通貨ユーロを使っていない国はどれか。

① ルクセンブルク

② スイス

③ フィンランド

④ スウェーデン

⑤ オーストリア

No.23   （解答 ▸ P.34）

1999 年，改正欧州連合条約が発効した。条約の名称として正しいものはどれか。

① ウェストファリア条約

② マーストリヒト条約

③ ヴェルサイユ条約

④ アムステルダム条約

⑤ ウィーン条約

No.24

（解答 ▶ P.34）

2000年にEU首脳会議で合意され2001年に調印された，EUの加盟範囲を広げる等の内容が盛りこまれた条約が2003年発効した。これは何条約か。

①　ローマ条約

②　パリ条約

③　アムステルダム条約

④　マーストリヒト条約

⑤　ニース条約

No.25

（解答 ▶ P.34）

EUについての説明で正しいものはどれか。

①　EUは，域内の関税・非関税障壁の撤廃が進まず，まだ市場が統合されていない。

②　1998年，欧州中央銀行が発足した。

③　1995年，統一通貨の新名称をEUROからECUに変更することが決定された。

④　1998年，EFTAがEUに吸収され，EU加盟国は19カ国になった。

⑤　1997年，マーストリヒト条約が改正され，ローマ条約が発効した。

No.26

（解答 ▶ P.35）

自国が他国に比べて有利に生産できる商品を生産，輸出し，不利なものは他国から輸入するようにすれば，お互いに利益が得られるとする考え方を何というか。

①　労働価値説

②　比較生産費説

③　セーフガード

④　ソールド・アウト

⑤　ダンピング

相殺関税について正しいものはどれか。

① ある国からの輸入品が輸出奨励金，ダンピングなどで不当に安くなり，その国の産業に打撃を与える場合，これを相殺とする関税。

② 二国間において金利差が大きくなった場合，これを相殺とする関税。

③ 貿易の自由化を拒否している商品に罰則的に適用する関税。

④ ドルの対外競争力が低下した際，不利益をカバーするため関税率を操作し相殺する関税。

⑤ 二国間で異種商品の関税率を同率だけ引き下げることにより，不均衡を相殺する関税。

国際貿易に関する以下の記述のうち，正しいものはどれか。

① 第二次世界大戦直後に創設された WTO は，自由貿易の促進に力を注ぎ，1995 年その役割を終えた。

② IMF は発展途上国の開発を援助するため，加盟国の政権もしくは企業に，資金の長期的な貸出を行うことを目的として設立された。

③ 現在，国際機関取引の決済に使われる国際通貨は，ユーロである。

④ 1976 年の成立したキングストン合意によって，外国為替相場は変動相場制へ移行した。

⑤ 1975 年に起こったニクソン＝ショックによって，ブレトン＝ウッズ体制は事実上崩壊した。

外国との取引きに関する記述として正しいものは，次のうちどれか。

① 自由貿易を促進するために，第二次世界大戦後の 1948 年に WTO（世界貿易機関）が作られた。

② 円の外国通貨に対する価値が下がることを円高，上がることを円安という。

③ 国際間の取引きの決済には，世界で最も信用のある通貨が使われ，これを国際通貨という。現在，国際通貨の役割を果たしているのはユーロである。

④ 通貨と通貨の交換比率を為替相場といい，今日では固定為替相場が採られている。

⑤ 為替相場の安定を図り，国際経済の混乱を避けるために，IMF（国際通貨基金）が作られている。

No.30
（解答▶P.35）

次の地域的経済統合に関する以下の説明のうち，妥当なものはどれか。

① APEC は，アジア，ラテンアメリカの発展途上国が先進工業国に経済的に対抗するための組織である。

② NAFTA では，域内での労働力の自由な移動を法的に保障している。

③ MERCOSUR は，共通の外交・安全保障政策を目指し，近年，域内における中央銀行を設立した。

④ ASEAN は，域内の経済発展や相互の交流を促進するための地域機構である。

⑤ EFTA は，EU から離脱した国々によって形成された，新しい国際組織である。

No.31
（解答▶P.36）

発展途上国の経済に関する次の記述のうち，妥当なものはどれか。

① 産油国と非産油国，資源保有国と非保有国など，発展途上国間で経済格差の拡大と摩擦が生じている。これを南北問題という。

② GATT は，発展途上国の要求を結集し，先進工業国に問題の解決を迫る場として重要な役割を果たしてきた。

③ 先進国は 1961 年に OECD を結成し，DAC を中心に発展途上国への経済協力を促進している。

④ 韓国・台湾・香港・シンガポールなどのアジアの新興工業経済地域（NIES）は，外国資本と安価な労働力を利用して，1990 年代に急速な経済成長に成功した。

⑤ 2022 年現在，発展途上国への資金援助である ODA の拠出額は，日本が世界第１位である。

No.32
（解答▶P.36）

国連貿易開発会議第１回総会についての説明で，正しいものはどれか。

① 1964 年の第１回総会は，先進国が発展途上国に経済上の要求を提出する場となった。

② 先進国の発展途上国に対する援助目標は GNP の２％と決定された。

③ ベバリッジ報告では，「援助より貿易を」のスローガンの下で，南北問題解決のためのさまざまな提案が行われた。

④ 先進国からの輸入品も発展途上国からの輸入品も例外なく最恵国待遇で関税率を定めるように求められた。

⑤ 一次産品の価格安定要求が行われた。

No.33 (解答▶P.36)

複数の国にその国の法人格を持つ子会社や系列企業を置き，世界規模で活動する企業を「多国籍企業」というが，それに関連する以下の記述のうち，正しいものの組合せはどれか。

ア　多国籍企業の活動は，主に自動車などの製造業に集中していて，鉱業や農業分野の多国籍企業は今のところ見られない。

イ　多国籍企業が外国の子会社から半製品化されたものを輸入しても，国際収支上の算入対象にならない。

ウ　多国籍企業の目的には，安価な労働力や原材料の利用ばかりではなく，関税障壁の回避などもある。

① 　ア

② 　ア，イ

③ 　イ，ウ

④ 　イ

⑤ 　ウ

No.34 (解答▶P.36)

1985年の「プラザ合意」を契機として，サミットやG8などの会合を通じて，経済的な国際協調体制が構築されるようになってきた。それに関する以下の4つの記述のうち，誤っているものはいくつあるか。

A　ドル高を是正するために，外国為替市場で円やユーロを売ってドルを買う協調介入を行う。

B　為替レートを円安・ドル高に誘導するためには，アメリカは金利を引き上げ，日本は金利を引き下げる。

C　経常収支の不均衡を是正するために，黒字国は金融引き締めを行って内需を抑制し，赤字国は金融緩和によって内需を拡大する。

D　経常収支の不均衡を是正するために，黒字国は財政支出を拡大させ，逆に赤字国は財政支出を削減する。

① 　0

② 　1個

③ 　2個

④ 　3個

⑤ 　4個

No.35

(解答 ▶ P.36)

国際経済に関する語句の説明として最も妥当なのはどれか。

① 固定為替相場制 ──────── 為替相場を一定の値に固定しておく制度。この制度では輸出入の長期的不均衡が生じていても，為替レートは1ドル＝100円と固定され一切動かされなかった。

② ブレトン＝ウッズ協定 ── 第二次世界大戦後の自由貿易の促進を基本とする経済協定。この協定に基づいて国際通貨基金(IMF)と国際復興開発銀行(IBRD)が設立された。

③ ニクソン＝ショック ── 世界経済に混乱を起こした事件。当時のアメリカ合衆国大統領ニクソンは，金とドルとの交換開始を認め，その交換比率を変動相場制にした。

④ プラザ合意 ──────── G5の米・英・仏・独・日が，為替市場への協調介入で円高・ドル安を是正することで合意したもの。このためアメリカの貿易赤字が解消された。

⑤ ウルグアイ＝ラウンド ── 世界貿易機関（WTO）の関税引き下げ交渉のこと。品目別・二国間交渉であったため合意に至るまでに非常に難航した。

第6章 日本の経済

No.1 （解答 ▶ P.37）

戦後の日本経済に起こった出来事を年代順に並べ替えたものとして，正しいものはどれか。

A　第一次石油危機

B　高度経済成長

C　プラザ合意

D　バブル景気崩壊

E　独占禁止法制定

① B→A→E→D→C

② B→E→C→A→D

③ E→A→B→D→C

④ E→B→A→C→D

⑤ E→B→C→A→D

No.2 （解答 ▶ P.37）

戦後復興期の日本経済について述べた記述として，正しいものはどれか。

① 傾斜生産方式によって，インフレーションが収束した。

② ドッジ＝ラインによって，復興金融公庫の融資が開始された。

③ 財閥解体がなされ，独占禁止法によって持株会社が禁止された。

④ 朝鮮戦争が起こり，なべ底不況に陥った。

⑤ 田中内閣によって国民所得倍増計画が発表された。

No.3 （解答 ▶ P.38）

1960 年「国民所得倍増計画」が発表され，日本の経済社会に高度成長が定着した。この計画を打ち出した内閣総理大臣は誰か。

① 吉田　茂

② 鳩山一郎

③ 石橋湛山

④ 岸　信介

⑤ 池田勇人

No.4 (解答 ▸ P.38)

日本が高度成長を成しとげた要因として，当てはまらないものはどれか。

① 貯蓄率が高かった。

② 経済の民主化が進められた。

③ 安価で良質な労働力が存在していた。

④ 海外の技術導入が進められた。

⑤ 経済の二重構造による分業体制が確立した。

No.5 (解答 ▸ P.38)

高度成長期の日本経済に関する次の記述のうち，妥当なものはどれか。

① 産業構造が大きく変化し，第1次産業や，工業の中でも付加価値生産性が低い分野が衰退していった。

② 急速な工業化に伴い，大気・海・河川の汚染，森林の破壊などが進み，1970年代前半には各地で公害病が発生するようになった。

③ 高度成長の過程で各家庭に耐久消費財が普及し，「三種の神器」といわれた白黒テレビ・洗濯機・自動車は1970年までに全世帯の90％に普及した。

④ 慢性的なデフレーションが進行したため，国民の実質所得は，高率で経済成長を遂げたわりには伸びなかった。

⑤ 三大都市圏を中心に人口の集中が起こり，過密化にともなう交通災害・騒音・ゴミ問題などが起こったが，地価の上昇による住宅問題はバブル期まで問題とならなかった。

No.6 (解答 ▸ P.38)

高度成長が終わった要因として当てはまらないものはどれか。

① 公害の発生

② インフレの発生

③ 重化学工業化の完了

④ ニクソン＝ショック

⑤ 第二次石油危機

1980年代後半，日本は後に「バブル景気」と呼ばれる現象が起こった。以下の文章はその説明であるが，（　　）内に入る語句として適当なものはどれか。

　1980年代後半，日本の株価や土地の値段が急激に増加した。この上昇過程では，よりいっそう値上がりすることへの期待感から，経済の基礎的条件（ファンダメンタルズ）からかけ離れた価格の上昇を生み出し，個人・企業ともに（　　）といわれる行動が広く見られた。

① グローバル化
② 空洞化
③ 財テク
④ 談合
⑤ 買い控え

次の記述の中で正しいものはどれか。
① 1985年，G5は貿易摩擦解決のため，為替相場を円安・ドル高に誘導するというプラザ合意を行い，日本からの輸出を抑えようとした。
② 1986年の円高不況で日本の輸入産業は打撃を受けたが，一方で輸出産業は円高差益を蓄積し，土地や株に盛んに投資を行い，そのため，地価や株価が高騰し，いわゆるバブル景気が発生した。
③ プラザ合意直後から，アメリカは強いドルを背景に日本企業の合併・買収を進めた。
④ 1989年から金融引締めが行われ，株や土地が暴落し，資産インフレが発生した。この結果，バブル景気は崩壊した。
⑤ バブル景気崩壊による消費不況と同時に，不良債権を抱えた金融機関の貸し渋りが，いっそう消費・投資を減退させた。

2019年の日本の貿易を主要商品別輸出入額で見た場合、以下の5品目の中で最も輸入超過となっているものはどれか。
① 食料品
② 鉱物性燃料
③ 化学製品
④ 一般機械
⑤ 電気機器

No.10

(解答 ▶ P.39)

日本企業の海外進出に関する以下の記述のうち，正しいものは次のうちどれか。

① 日本には資源が少なく原材料の確保が必要なため，進出が農林水産業や鉱業に集中している。

② 日本から派遣された社員が多いので，現地での雇用創出はほとんどない。

③ いわゆる「産業の空洞化」は，製造業以外の業種でよく見られる。

④ 進出先を地域別に見てみると，アフリカ諸国が最も多い。

⑤ 企業の多国籍化が発展し，本社機能の一部を海外に移転させる企業も見られる。

No.11

(解答 ▶ P.39)

次の文章に適合する組合せはどれか。

　日本経済は，少数の大企業と圧倒的多数の　A　が併存する　B　という問題を抱えている。このことは　C　などの格差を生み出しているが，最近では　D　とよばれる動きが注目されている。

	A	B	C	D
①	地場産業	二重構造	賃金	ベンチャービジネス
②	中小企業	二重構造	投資	IDビジネス
③	中小企業	多重構造	賃金	ベンチャービジネス
④	地場産業	多重構造	投資	IDビジネス
⑤	中小企業	二重構造	賃金	ベンチャービジネス

No.12

(解答 ▶ P.39)

日本の財政に関する次の記述のうち，妥当なのはどれか。

① 国家予算には，年度の当初に議会の承認を受ける本予算と，特別な状況に対応するため変更を加えた暫定予算とがある。

② 建設国債は，公共事業費や出資金・貸付金の財源として，国会の議決を経た金額の範囲内で発行することができる。

③ 財政法で赤字国債の発行が原則禁止されているのは，国債の発行によって金利と物価の下落が生じ，年金や利息をあてにしている高齢者などの生活が脅かされるためである。

④ 租税は国家が提供するサービスの対価であることから，サービスを享受する利益の大きさに応じて租税負担が決められる。

⑤ 財政投融資とは，政府が税金などを原資として，公共事業や社会保障などの歳出にあてることである。

日本の農業に関する記述で正しいのはどれか。

① 1995 年，食糧管理法が廃止され，新食糧法が施行されたことにより，政府米は備蓄米・輸入米に限定され，自主流通米が流通の基本となった。

② 1993 年，GATT のウルグアイ＝ラウンドで，牛肉・オレンジの市場開放と，米の部分的市場開放が決定された。

③ 1970 年代に実施されていた総合農政では，問題化していた財政赤字解決のため減反が行われることになったが，自主流通米の創設は見送られた。

④ 1960 年代，農業基本法による基本法農政のひとつとして創設された食糧管理制度により，生産者米価を低くし消費者米価を高くしたため，農家と消費者から反発を受けた。

⑤ 終戦後の農地改革により，小作農が自作農に転換されたため，生産意欲が向上し生産性が拡大した。

第 3 編

倫理・社会

第1章 労働関係

No.1 （解答 ▶ P.40）

次のうち労働基準法の規定に含まれていないものはどれか。

① 1日8時間勤務
② 労働争議の処理
③ 男女同一賃金
④ 有給休暇取得
⑤ 強制労働の禁止

No.2 （解答 ▶ P.40）

労働基準法に規定されているものとして，誤っているものはどれか。

① 労使対等
② 均等待遇
③ 不当労働行為の禁止
④ 強制労働行為の禁止
⑤ 中間搾取の排除

No.3 （解答 ▶ P.40）

労働基準法は平成20年に改正（平成22年4月1日施行）されたが，どのような改正が行われたか。

① 女子労働者の残業禁止
② 男女同一賃金とすること
③ 1日8時間，週40時間労働とすること
④ 時間単位年休制度の創設
⑤ 公民権行使の保障

No.4

（解答 ▶ P.40）

平成18年に改正が行われ（施行は平成19年），職場での女性差別禁止規定が強化された法は次のどれか。

① 男女同一賃金法

② 女子差別撤廃法

③ 労働基準法

④ 男女雇用機会均等法

⑤ セクシャルハラスメント防止法

No.5

（解答 ▶ P.40）

下の文の空欄 A ～ D に入る数字の組合せとして正しいのはどれか。

労働基準法が定める法定労働時間は，週（　A　）時間，1日（　B　）時間である。また労働時間が（　C　）時間を超えるときは最低（　D　）分，8時間を超えるときは最低1時間の休憩時間を与えなければならない。

	A	B	C	D
①	48	8	10	70
②	40	8	6	45
③	44	7	7	45
④	40	6	6	45
⑤	40	8	4	30

No.6

（解答 ▶ P.40）

次のうち，労働基準法の規定に照らして違法行為となるものはどれか。

① 入社1年目の事務職の女性の基本給を，入社2年目の技術職の男性の基本給より低く設定した。

② 労働者が未成年者だったため，親権者が賃金を自分に預けるよう要求したが，会社側は拒否して，労働者本人に賃金を支払った。

③ 未成年者である労働者の同意を得て親が労働契約を締結しようとしたが，会社側が本人でなければ契約できないとして断った。

④ 産後7週間を経た女性従業員が職場への復帰を求めたため，体に支障がない範囲内での復職を認めた。

⑤ 令和4年4月20日に満15歳になった未成年者の少年を，令和4年5月1日付で工場労働者として雇用した。

次の文中の（　　）に当てはまる語句の組合せで正しいのはどれか。

　雇用されたら労働組合に加入しなければならず，組合から脱退・除名のときは解雇されるショップ制を（　A　）という。日本の場合，組合から脱退あるいは除名されても解雇されないことが多く，（　B　）と呼ばれている。

	A	B
①	クローズドショップ	みせかけクローズ
②	ユニオンショップ	みせかけユニオン
③	オープンショップ	尻抜けオープン
④	クローズドショップ	尻抜けクローズ
⑤	ユニオンショップ	尻抜けユニオン

労働組合の立場からショップ制を見たとき，有利なものの順に並べたのはどれか。

① クローズドショップ → オープンショップ → ユニオンショップ
② ユニオンショップ → クローズドショップ → オープンショップ
③ クローズドショップ → ユニオンショップ → オープンショップ
④ ユニオンショップ → オープンショップ → クローズドショップ
⑤ オープンショップ → ユニオンショップ → クローズドショップ

わが国において「労働者の団結権」は基本的人権の1つであるが，特別な職業では認められない場合がある。次のうち，団結権が認められているのはどれか。

① 消防職員
② 警察官
③ 刑務所職員
④ 裁判所職員
⑤ 海上保安庁職員

No.10

（解答 ▶ P.41）

国家公務員の一般職員は人事院の掌理を受けるが，次の記述のうち，公務員としてできる行為はどれか。

① 労働争議を行うことができる。

② 政党の役員になる。

③ 公選による公職に就任する。

④ 団体協約を締結する。

⑤ 労働組合を結成する。

No.11

（解答 ▶ P.41）

次の中で不当労働行為に当たらないものはどれか。

① 黄犬契約

② 団体交渉の拒否

③ 組合の人事への介入

④ 救済申請等を理由にした不利益取扱い

⑤ 組合の運営に必要な経費を与えない

No.12

（解答 ▶ P.41）

労働組合の形態には企業別組合，職業別組合，産業別組合があるが，このうち企業別組合の特徴として正しいものは，次のうちどれか。

① 日本独自の雇用形態である終身雇用制を基盤として成立する。

② 通常，雇用形態に関係なくすべての従業員に組合員資格を認める。

③ 中小企業に特徴的に見られるもので，大企業ではほとんど採用されていない。

④ 労働基準法に定められている組織形態である。

⑤ 最近は産業別組合に改組される場合が多い。

(解答 ▶ P.41)

労働法に関する次の記述のうち，妥当なものはどれか。

① 日本における労働者保護立法は戦前には存在せず，1945年に制定された労働組合法が初めてのものである。

② 労働協約とは，労働条件その他について使用者と労働組合との間で取り決めた協定であり，その有効期間は3年以内である。

③ 争議権は労働組合法によって保障されているが，刑法の適用対象となるような行為については不当労働行為として処罰される。

④ 三六協定とは，使用者が労働者を雇用する際に労働組合に加入しないことを条件とする取り決めのことである。

⑤ 公務員については，法律によって労働基本権が制約されており，団結権は全面的に禁止されている。

(解答 ▶ P.41)

日本における女性の年齢階級別労働力率を見たとき，昭和50年と平成30年を比較して最も労働力率が増加している年齢層は次のうちどれか。

① 15 ～ 19歳層

② 20 ～ 24歳層

③ 25 ～ 29歳層

④ 40 ～ 44歳層

⑤ 55 ～ 59歳層

No.15

(解答 ▶ P.41)

以下は日本の女性労働に関する記述である。（　　）内に入る適当な語句の組合せとして正しいものは，次のうちどれか。

　女性の労働力率（15歳以上人口に占める労働人口の割合）は，ここ何年間かはおおむね（　A　）で推移している。年齢階級別に見てみると，特に大きく上昇しているのが（　B　）で，昭和50年と平成30年を比べると40％ほど増加している。これは，昨今言われている「晩婚化」の影響であると考えられる。また，これを曲線で表すと（　C　）になるという日本の特徴は近年，谷の部分が浅くなってきており，改善されつつある。

	A	B	C
①	50％前後	25〜29歳層	M字型
②	40％前後	20〜24歳層	逆M字型
③	60％前後	25〜29歳層	山形
④	50％前後	35〜39歳層	M字型
⑤	60％前後	35〜39歳層	逆M字型

No.16

(解答 ▶ P.41)

日本における男女平等に関する次の記述のうち，妥当なものはどれか。

① 男女間の格差を数値化した「ジェンダー・ギャップ指数」において，日本は2012年以降，世界の中で上位20位以内に入っている。

② 以前の労働基準法では女性の深夜労働に関する規定はなかったが，女性保護の観点から，現在女性の深夜労働は禁止されている。

③ 男女雇用機会均等法の改正により，「事務職」，「一般職」，「パート」などの募集・採用において，女性のみをその対象とすることは禁止された。

④ 育児・介護休業法の改正により，一定の条件が認められれば，女性に限って育児休業期間が1年6カ月に延長された。

⑤ 「男性の技術職と女性の事務職」のように，職種による差異があっても，男女間の賃金に格差をつけることは禁じられている。

近年，日本企業の経営形態において，従来の制度や慣習に変化が見られるようになってきた。それに関する以下の記述のうち，正しいものの組合せは次のうちどれか。

ア　終身雇用制が定着していたが，契約社員や派遣労働者などの新たな雇用形態が利用されるようになってきた。

イ　生産拠点を海外へ移転する大企業が増え，中小企業との下請関係が弱まっている一方で，複数の企業との取引を行う下請企業が増加している。

ウ　先進各国からの批判を浴びたことで，労働時間の短縮が進んだが，ドイツやフランスとの差はまだある。

①　ア

②　ア・イ

③　イ・ウ

④　ウ

⑤　ア・イ・ウ

第2章 社会保障制度

No.1
（解答 ▶ P.42）

「ゆりかごから墓場まで」ということばで表される社会保障制度を確立した国はどこか。

① スウェーデン

② ドイツ

③ イタリア

④ フランス

⑤ イギリス

No.2
（解答 ▶ P.42）

各国の社会保障制度の歴史に関する記述として，正しいものは次のうちどれか。

① 世界で最初に社会保険制度を確立させたのは，ドイツである。

② ベバリッジ報告によって，アメリカの社会保障の基礎が作られた。

③ イギリスはニューディール政策によって社会保障法を制定した。

④ フランスでは，失業保険制度が存在しない。

⑤ 日本の社会保障は，1946年の生活保護法の制定から始まった。

No.3
（解答 ▶ P.42）

日本の社会保障制度は，憲法第25条の生存権保障と国の社会保障を根拠に，4つの分野から成立している。この社会保障の4分野に当てはまらないものはどれか。

① 公衆衛生

② 生活扶助

③ 社会保険

④ 公的扶助

⑤ 社会福祉

No.4 (解答 ▶ P.42)

次のうち，日本における社会保険制度に含まれないものはどれか。

① 生命保険

② 医療保険

③ 労働者災害補償保険

④ 介護保険

⑤ 雇用保険

No.5 (解答 ▶ P.42)

日本の公的扶助には，8つの種類がある。以下のうち，当てはまらないものはどれか。

① 住宅扶助

② 育児扶助

③ 生業扶助

④ 介護扶助

⑤ 葬祭扶助

No.6 (解答 ▶ P.42)

次のうち，福祉六法に含まれるもののみの組合せはどれか。

① 老人福祉法，生活保護法，医療保護法

② 民生委員法，母子及び寡婦福祉法，生活保護法

③ 生活保護法，児童福祉法，身体障害者福祉法

④ 社会福祉事業法，児童福祉法，身体障害者福祉法

⑤ 知的障害者福祉法，児童福祉法，国民年金法

No.7
（解答▶P.42）

日本の社会保障に関する語句とその説明の組合せとして，最も適当なものは次のうちどれか。

① 介護保険 ―― 高齢になったときなどに，一定額の金銭が支給される制度。

② 雇用保険 ―― 労働者が業務中の傷病の際，治療などに必要な保険金が給付される制度。

③ 公的扶助 ―― 児童や障害者などに必要なサービスや施設を提供する制度。

④ 社会福祉 ―― 生活困窮者に対して，国が最低限度の生活を保障する制度。

⑤ 公衆衛生 ―― 国民の健康維持のために感染症対策などを行う制度。

No.8
（解答▶P.42）

社会保障に関する次の記述のうち，妥当なものはどれか。

① 社会保険には，医療・年金・雇用（失業）・労災・介護保険の五種類があるが，このうち雇用保険，労災保険，介護保険は戦後に制度化された保険である。

② 公的扶助には，生活・教育・住宅・医療・出産・生業・葬祭・介護の8つの扶助があり，その財源は本人の出費および公費からの支出による。

③ 社会福祉とは，児童・身体障害者，母子家庭などの社会的弱者に対して施設やサービスを提供することであり，その立法措置として生活保護法などがある。

④ 公衆衛生とは，国民の疾病を予防し，健康増進・伝染病予防などを目的とするものであり，その実施機関は福祉事務所である。

⑤ 日本国憲法第25条では，国民の「健康で文化的な最低限度の生活を営む権利」を保障し，国に社会保障を義務づけているが，これは世界ではじめて生存権を認めた規定である。

下のグラフは，わが国の 2022 年度予算における社会保障関係費に占める介護給付費，生活扶助等社会福祉費，年金給付費，医療給付費，保健衛生対策費，雇用労災対策費，少子化対策費の割合を表したものである。グラフ内の A ～ E のうち，年金給付費に該当するものはどれか。

①　A

②　B

③　C

④　D

⑤　E

社会保障制度に関する次の記述のうち，妥当なものはどれか。

①　ドイツでは，「アメとムチ」の政策を唱える宰相ビスマルクによって，ワイマール憲法に基づき，社会保障制度が充実された。

②　アメリカでは，ニューディール政策の一環として，社会保障法の制定など，「ゆりかごから墓場まで」といわれる社会保障制度の整備が行われた。

③　イギリスの社会保障制度の起源は，第 1 次囲い込み運動によって都市に流れ込んだ貧民に対する救貧法である。

④　北欧型の社会保障制度は，大陸型とは異なり社会保険中心であり，職種や階層ごとに制度が作られ，保険料と給付が所得に比例する方式を採っている。

⑤　アメリカの社会保障制度は，全国民を対象とする公的医療保険が中心であり，民間の保険の普及が遅れている。

No.11　　　　　　　　　　　　　　　　　　　　　　　　　　　　（解答▶P.43）

日本の介護保険制度について，正しいものは次のうちどれか。

① 60歳以上の第1号被保険者は，要介護状態，もしくは要介護状態になる恐れがある場合に，保険給付の対象となる。

② 40～59歳の第2号被保険者の場合，初老期認知症などの老化に伴って生じた要介護状態に対して，保険給付が行われる。

③ 要介護者は，要介護状態の基準に該当するか，また介護がどの程度必要かについて，都道府県が行う要介護認定を受ける。

④ 都道府県が行った要介護認定に不服がある場合は，国に設置されている審査機関に不服申し立てをすることができる。

⑤ 一度要介護認定を受けたとしても，一定期間を経過するごとに更新を受け，その状態によっては要介護認定が見直されることがある。

No.12　　　　　　　　　　　　　　　　　　　　　　　　　　　　（解答▶P.43）

日本の育児・介護休業に関する以下の記述のうち，正しい記述の組合せはどれか。

ア　労働者は，申し出によって子どもが1歳になるまでの間育児休業を取ることができるが，保育所に入所を希望しているが入所できないなどの場合には，子どもが最長2歳になるまでの間，育児休業を取ることができる。

イ　アルバイトや契約社員などであっても，同じ会社で引き続いて1年以上働いていて，なおかつ子どもが1歳に達する日を超えて引き続き働くことが見込まれていれば，育児休業を取ることができる。

ウ　労働者は，要介護状態にある配偶者，父母や子ども，配偶者の父母などがいる場合，その介護のために介護休業を申請することができるが，その日数は「対象家族1人につき通算93日まで，3回を上限として，分割して取得可能」となっている。

① ア

② ア，イ

③ イ，ウ

④ ウ

⑤ ア，イ，ウ

第3章 青年期の心理

No.1

（解答▶P.43）

青年期における最大の課題の一つに，自己についての連続性と同一性の自覚を形成することが挙げられるが，このことを何というか。

① マージナル＝マン
② パーソナリティ
③ モラトリアム
④ フラストレーション
⑤ アイデンティティ

No.2

（解答▶P.43）

青年期の課題を「アイデンティティの確立」と言った人物は誰か。

① カント
② ルソー
③ レヴィン
④ シュプランガー
⑤ エリクソン

No.3

（解答▶P.43）

防衛機制のひとつで，ある女の子が好きなのだが，そのことが友人に知られると，からかわれそうなので，あえてその女の子にいじわるをするような場合を何というか。

① 合理化
② 投射
③ 抑圧
④ 逃避
⑤ 反動形成

No.4

（解答 ▶ P.44）

現代青年は，他者との深い関わりの経験が欠如しがちなため，青年を自己中心的かつ未熟な状態にとどめてしまう傾向にある。そのため，諸問題が発生しても精神的には非合理的な解決に偏りがちだが，ここでいう「非合理的解決」の例としてもっとも適当なものは，次のうちどれか。

① 劣等感
② 被軽蔑感
③ 抑圧
④ 欲求不満
⑤ 葛藤

No.5

（解答 ▶ P.44）

以下のような状態を表す心理学の用語として，最も適当なものはどれか。

　今年3歳になるA君は，父，母，妹（3カ月）の4人で暮らしている。A君はおむつもはずれて，食事も大人とほとんど同じものが食べられるようになっていたのに，妹が生まれたとたんに，ほ乳瓶でミルクを飲みたがり，おもらしをするようになった。

　また，日常の世話を母以外の人にやってもらうのを拒み，ちょっとでも母親の姿がA君の視界から消えると半狂乱になって探すようになった。

① 合理化
② 同一視
③ 反動形成
④ 逃避
⑤ 退行

No.6

（解答 ▶ P.44）

「ヤマアラシのジレンマ」という言葉が表すものとして最も妥当なものは，次のうちどれか。

① 自己実現の欲求
② 友人同士の対人関係
③ 大人になりきれない大人
④ 自己中心的なものの考え方
⑤ 第二次反抗期

以下の各事例のうち，防衛機制の一種である「昇華」に当たるものはどれか。

① Ａさんは夫を事故で亡くした悲しみに耐え，夫との思い出を小説にしたところ，文学賞を受賞した。

② 幼稚園に通い始めたＢちゃんは，両親の関心が生まれたばかりの妹に向かったため，急に赤ん坊のような振る舞いをし始めた。

③ 高校生になったばかりのＣさんは，憧れている女優と似たような格好をし，仕草やしゃべり方まで真似て，その人になりきっている。

④ 社会人２年目のＤさんは，取引先との商談に失敗したが，「この仕事を押しつけた上司が悪い」と，上司のせいにした。

⑤ 大学４年生のＥさんは，就職活動で十数社の面接を受けたがすべて失敗し，活動をやめて旅に出かけた。

人間の心理状態を表す言葉に「葛藤」というものがある。以下の各状況のうち，「葛藤状態」を示しているものはどれか。

① 大学で法律の勉強をしようと思っていたが，親の希望で就職することになり，不満が募っている。

② 自作でパソコンを作ろうと思い部品一式を買い込んだが，どうしてもうまく組み立てられずイライラしている。

③ 自分の容姿や性格を，常に他人と比べることで劣等感を持ってしまい，何をするにも消極的になる。

④ 大企業就職による安定した生活と，自身の能力が最大に生かせる中小企業就職を天秤にかけ，どちらがいいか決めかねている。

⑤ 自由な生活を大切にするために，高い目標を持って努力することをせず，進路を１つにしないようにしている。

No.9

（解答▶P.44）

人間は欲求が満たされないと不安を覚え，無意識のうちに心理的な安定を保とうとする。このような自我防衛のしくみは防衛機制と呼ばれているが，次のA〜Dと，その例示ア〜エの組合せとして正しいのはどれか。

A　合理化
B　昇華
C　反動形成
D　抑圧

ア　自分が強いライバル意識を持っていた競争相手が自分より先に目標を達成したとき，悔しさや嫉妬の感情が意識されないなどである。
イ　負け惜しみによる自己満足や，やせ我慢などである。
ウ　恋人を失ったとき，自分の情熱を学問や芸術に置き換えるなどである。
エ　臆病な人が他人にいばったり強がったりすることなどである。

	A	B	C	D
①	ア	ウ	エ	イ
②	ア	エ	ウ	イ
③	イ	ウ	エ	ア
④	イ	エ	ウ	ア
⑤	ウ	イ	エ	ア

意識的に，あるいは無意識のレベルで行われる不安解消のメカニズムを防衛機制という。次のA～Eは防衛機制に関する記述であるが，このうち妥当なもののみをすべて挙げているのは次のうちどれか。

A　反動形成とは，苦しい場面に遭遇したときに気持ちや身体が逃げ出してしまうことである。

B　抑圧とは，罪の意識や責任を感じないようにするために，欲求を抑えこんでしまうことである。

C　合理化とは，獲得できなかった欲求の対象に代えて，別のもので満足しようとすることである。

D　代償とは，小説の主人公などに自分を同化させて満足させることである。

E　昇華とは，例えば恋人を失ったとき，自分の情熱を学問や芸術に置き換えるなどすることである。

①　A，B，D

②　A，C

③　B，C，E

④　A，D

⑤　B，E

第4章 社会集団と現代社会の構造

No.1

（解答 ▶ P.45）

不特定多数の一般の人々（いわゆる大衆）が社会の中心となって構成される社会を「大衆社会」というが，以下の各文のうち，大衆社会の特徴として正しいものが書かれている組合せはどれか。

A　普通選挙制の発達によって大衆社会が形成されるため，全体的に政治的関心が高くなる。

B　組織が巨大化するため官僚制が進行し，権威主義が横行する。

C　マスコミが発達し様々な情報が流されるため，個々人の意識が多様化する。

①　A

②　B

③　A，B

④　A，C

⑤　B，C

(解答 ▶ P.45)

現代社会の特徴をあらわす語句 A，B，C と，その問題点についての記述ア〜オの組合せとして最も正しいものはどれか。

A　大衆社会

B　情報化社会

C　官僚制

ア　各人がかつての古い共同体の枠から解放される一方で，個人がばらばらに生活するようになり，人間関係が希薄になって，地域社会への愛着も薄れがちになる。

イ　大量生産・大量消費のシステムの中で，商品は企画化・画一化されるため，何か買おうとするときに多種多様な商品があるように見えていても，実際にはあてがわれた中での選択でしかない。

ウ　旧世代から若い世代への家事や子育てに関する経験が伝承されにくくなり，子育てが母親のみの負担となりやすくなる。

エ　合理性や能率性と引き換えに人間が巨大な組織の歯車となってしまい，自分の仕事の全体像や組織の中での自分の役割を理解できず，疎外感と無力感に襲われる。

オ　行政機関や民間企業での個人情報の蓄積によりプライバシーが侵害されたり，コンピューターや通信回線の事故によって大規模なパニックが起こったりする危険性がある。

	A	B	C
①	ア	イ	ウ
②	ア	イ	エ
③	イ	オ	ウ
④	イ	オ	エ
⑤	エ	オ	ウ

(解答 ▶ P.45)

マス＝メディアによる情報伝達の特徴と，その問題点に関する以下の記述のうち，誤っているものはどれか。

①　多くの人に情報を伝達する前提に立っているため，伝達内容が画一的になりやすい。

②　制作過程で整理・編集が行われるため，真実がありのままに伝わらないおそれがある。

③　大勢を占める意見を知らせる反面，少数意見が無視されることがある。

④　情報を選択して報道することがないので，世論形成の妨げになる場合が多い。

⑤　情報が送り手の一方通行になりやすく，反証の機会が少ない。

No.4

（解答 ▶ P.45）

消費者問題に関する次の記述のうち，妥当なものはどれか。

① 現代の大量消費社会では，個人の消費支出について，他人の消費水準や消費パターンに影響されやすいという依存効果が指摘されている。

② アメリカ大統領ケネディは1962年，消費者の４つの権利として「安全の権利」，「知る権利」，「選ぶ権利」，「消費者教育を受ける権利」を宣言した。

③ 1968年に制定された消費者保護基本法によって，国や地方公共団体の責務が定められ，事業者や消費者の役割についても規定がなされた。

④ 2003年に制定された食品安全基本法によって，リスク分析の手法が導入され，リスク評価機関として食品安全委員会が農林水産省に設置された。

⑤ 特定商取引法に定められているクーリングオフ制度は，取引の種類を問わず，８日間以内ならば違約金を払わずに申し込みの撤回または契約の解除ができるというものである。

No.5

（解答 ▶ P.45）

近年，無店舗販売や新しいサービス業が進展していっている。その中で，法規制の網の目をくぐって行われる，いわゆる「悪徳商法」の被害も増大しているが，次のうち「悪徳商法」に当たらないものはどれか。

① キャッチセールス

② アポイントメント＝セールス

③ ネガティブ＝オプション

④ クーリングオフ

⑤ さむらい商法

No.6 (解答 ▶ P.46)

昨今，消費者の権利として「消費者保護」の考え方が浸透してきたが，それに関する記述として正しいものは，次のうちどれか。

① 商品の欠陥や食品の有害性について，購入前にその事実を知り得なかったとしても，現行法では消費者が製造業者などの責任を追及することはできない。

② 新しく開発された耐久消費財について，国の国民生活センターおよび地方の消費生活センターは商品テストを行い，その結果を消費者に公表することが義務づけられている。

③ 通信販売で商品を購入したが気に入らなかった場合，契約条項に返品不可と記載されていても，8日以内であればクーリングオフ制度を使って契約を無効にできる。

④ 消費者利益の擁護と推進について定められている消費者基本法には，国や地方公共団体の責務はもとより，事業者の責務に関しても規定されている。

⑤ テレビの通信販売やインターネットを使った商品販売など，消費者にとって利便性の高い販売方法が利用されるようになると，売買契約や代金支払いに関するトラブルは少なくなる。

No.7 (解答 ▶ P.46)

日本における「過度の都市化」に関する以下の記述のうち，誤っているものはどれか。

① 人口が都市に集中することで，自動車が排出する排気ガスによる大気汚染や近隣騒音などが問題化し，生活条件は悪化している。

② 大都市では，道路網が整備されても，それ以上に交通量が増加する傾向にあるため，交通渋滞そのものは解消しないことが多い。

③ 大都市においては，都市直下型地震のような大規模な自然災害に対して，十分な対策を行う体制が完全に整備されているとは言い難い。

④ 大都市では，地表面被覆の人工化，エネルギー使用の増大，都市形態の変化などにより，ヒートアイランド現象が起こりやすい。

⑤ 政治経済などの中枢機能の集中化は東京圏でのみ顕著で，地方の大都市では分散化の進行により，税収の減少などが問題化している。

No.8

(解答 ▶ P.46)

地価に関する説明として，正しいものは次のうちどれか。

① 都市の再開発が行われると，商業施設の充実などによって土地に対する需要が増大し，地価が上昇する。

② 産業の衰退によって，商工業用地の地価は下がるが，跡地の宅地買収が進むことで，宅地の地価は上昇する。

③ 都市型鉄道の新線の開通は，宅地の供給を増大させるため，地価を下げる効果を持つ。

④ 都心部の地価の高騰によってドーナツ化現象が起こると，常住人口が減少するため，都心部の地価は一気に下落する。

⑤ 地方自治体が公共サービスを充実化させると，その自治体への人口流入が進むため，地方税の税負担が減少し地価が下落する。

No.9

(解答 ▶ P.46)

日本の合計特殊出生率は 2022 年現在「1.26」で，依然，少子化の状況が続いている。この直接的要因として考えられる記述の組合せとして正しいものは，次のうちどれか。

ア　女性の晩婚化や独身志向の強まり

イ　生活水準の上昇に伴う過保護な育児

ウ　子供の自立能力の衰え

エ　家庭における父親不在とそれに伴う母子関係の密着化

オ　夫婦の別居や離婚の増加など家庭内問題の深刻化

カ　子育てに要する負担の増大

キ　女性の社会進出に対応する育児支援の立ち遅れ

① ア，イ，オ

② ア，エ，キ

③ ア，カ，キ

④ イ，ウ，エ

⑤ エ，オ，カ

No.10

日本の高齢化に関する以下の記述のうち，正しいものはどれか。

① 子供と同居している高齢者の割合は一時期減少していたが，高齢者のみで生活する身体的な不安などから，近年は徐々に増加してきている。

② 今後，高齢化の進展に伴って，介護保険にかかる費用の増加が見込まれることから，第2号被保険者の年齢が40歳から35歳に引き下げられた。

③ 令和4年の簡易生命表によると，日本人の平均寿命は男性81.05歳，女性87.09歳であり，国，地域別に見るといずれも世界第1位となっている。

④ 日本は驚異的なスピードで高齢化に向かっており，1970年に7％台であった65歳以上の老年人口割合は，令和4年現在，25％を超えている。

⑤ 日本の高齢者は，数年前までは持ち家率が高かったが，介護サービスの充実や「高齢者賃貸住宅住居促進法」の制定で，持ち家率が急激に減少してきている。

No.11

次の中でNGOでないものはどれか。

① アムネスティ＝インターナショナル

② グリーン＝ピース

③ PKO

④ ICRC

⑤ 国境なき医師団

No.12

集団分類に関して正しいものはどれか。

① テンニースは，結合意志に基準を置いて分類した。

② クーリーは，接触度に基準を置き，内集団と外集団に分類した。

③ マッキーバーは，帰属意識に基準を置いて分類した。

④ サムナーは，1次集団を基準集団，2次集団を機能集団に分類した。

⑤ サムナーは，共同関心に基準を置いて分類した。

No.13

（解答 ▶ P.47）

下の文は，近代化に伴う人口の変動についての記述であり，A ～ F には「出生」か「死亡」のいずれか
の語句が入る。その組合せとして正しいものは，次のうちどれか。

　西ヨーロッパ諸国では，近代化の最初の段階で（　A　）率が増大し，その後（　B　）率が低下，次いで
（　C　）率が低下して，最後に自然増加率が低い水準で安定するという過程を歩んできた。

　日本の場合，（　D　）率は 1880 年代以降下降線をたどっていったが，（　E　）率が著しく低下したの
は第二次世界大戦後のことである。（　F　）率もこの時期以後はだいたい減少傾向をたどり続けている
ので，わが国の人口構成は急速に高齢化しつつある。

	A	B	C	D	E	F
①	出生	死亡	出生	出生	出生	死亡
②	出生	死亡	出生	死亡	死亡	出生
③	出生	出生	死亡	出生	死亡	出生
④	死亡	出生	死亡	出生	出生	死亡
⑤	死亡	出生	死亡	死亡	死亡	出生

No.14

（解答 ▶ P.47）

スプロール現象の説明として正しいものは，次のうちどれか。

① 　人口過疎化現象のこと。

② 　都市の中心部での人口減少と周辺部の人口増加により中空状態を示すこと。

③ 　都市が虫食い状態で郊外に無秩序に拡大していくこと。

④ 　人口過密化現象のこと。

⑤ 　情報公開制度のこと。

人口問題に関する次の記述のうち，妥当なのはどれか。

① 第二次世界大戦後の世界人口は，1950年に約13億人だったものが2020年には約64億人と，70年間で約5倍となっている。

② イギリスの経済学者マルクスは，その著書『資本論』において，人口増加と食糧生産とのギャップを指摘し，人口抑制の必要を主張した。

③ 発展途上国では，先進国に比べて都市産業の発展が遅れているため，人口の都市流入によって大都市のスラム化が起こっている。

④ 先進国では発展途上国とは対照的に，出生率の上昇と死亡率の低下によって，人口の高齢化が進んでいる。

⑤ 中国では，人口増加への対策として戦後「1人っ子政策」を採用しており，現在も継続して実施されている。

人口爆発に関する以下の記述のうち，正しいものの組合せはどれか。

ア 発展途上国の多くは，医療技術の進歩や公衆衛生の改善によって，多産少死の状態から少産少死の状態になった。

イ 労働力確保が必要なため，急激な人口増加にもかかわらず人口抑制政策を採った国はなかった。

ウ 人口問題は各国の内政問題であるため，国連がこの問題に関与することはなかった。

① ア

② イ，ウ

③ ウ

④ すべて正しい

⑤ すべて誤っている

No.17

（解答 ▶ P.47）

地域開発や工場の進出が，その地域の環境にどのような影響を与えるかを，事前に調査することを何というか。

① PPP

② エコロジー

③ 環境アセスメント

④ ナショナル・トラスト

⑤ DDT

No.18

（解答 ▶ P.47）

1972年にOECD（経済協力開発機構）の環境委員会で「公害防除の費用は，すべて公害発生源である企業が負担しなければならない」とする原則が採択されたが，このことを表すものは次のうちどれか。

① PPP

② PCB

③ POC

④ PPS

⑤ PCG

No.19

（解答 ▶ P.47）

酸性雨による被害が世界各国に広がっているが，酸性雨の原因になるといわれている主要な物質は，次のうちどれか。

① カドミウム

② 有機水銀

③ ダイオキシン

④ 窒素酸化物

⑤ 二酸化炭素

以下の文章は，日本で起こったある公害について書かれたものである。公害名として最も適当なものは，次のうちどれか。

・富山県の神通川流域で起こった公害。

・神通川上流にある三井金属鉱業神岡鉱業所から排出されたカドミウムが原因。

・骨がもろくなるのが特徴。

① 水俣病

② 新潟水俣病

③ イタイイタイ病

④ 足尾銅山鉱毒

⑤ カネミ油症

日本では近年，「典型七公害」と呼ばれるもの以外に，新たな種類の公害が問題化しつつある。この「新しい種類の公害」の事例として最も適当なものは，次のうちどれか。

① 大規模工事に伴う振動

② 地下水のくみ上げに伴う地盤沈下

③ 産業活動による地下水汚染

④ 幹線道路近くでの騒音

⑤ 廃棄物処理場から発せられる悪臭

次のうち，「地球温暖化」に最も関係が深いものはどれか。

① 京都議定書

② ソフィア議定書

③ ラムサール条約

④ モントリオール議定書

⑤ ワシントン条約

No.23 （解答▶P.48）

1992 年の国連環境開発会議（地球サミット）での主な宣言，条約に関係のないものはどれか。

① 環境と開発に関するリオ宣言

② オゾン層保護のためのウィーン条約

③ 気候変動枠組み条約

④ 森林保全等に関する原則声明

⑤ 生物多様性保全条約

No.24 （解答▶P.48）

環境問題についての国際的取組についての次の記述で正しいものはどれか。

① 1972 年，ストックホルムで開催された「国連人間環境会議」は，「宇宙船地球号」をスローガンとして，「人間環境宣言」などが採択された。

② 1975 年，「ラムサール条約」が発効し，絶滅の恐れのある野生動植物の保護が進展することとなった。

③ 1982 年，「ナイロビ国連環境会議」が開催され，UNEP（国連環境計画）の設立が合意された。

④ 1992 年，リオデジャネイロで開催された「国連環境開発会議」は，「持続可能な開発」をスローガンに，「アジェンダ 21」などが採択された。

⑤ 1997 年，「温暖化防止条約」の締約国会議が東京で行われた。

No.25 （解答▶P.48）

地球環境問題に関する次の記述 A～D のうち，正しいもののみ挙げているのは次のうちどれか。

A 冷房機やスプレーなどに使用されているフロンガスは温室効果ガスの一種であり，地球温暖化の原因となっている。

B 焼畑農業や定住農業のための開墾を原因として，熱帯雨林の減少が進んでいる。

C 環境ホルモンとは，農薬等によって汚染された食品の摂取によって，体内にあるホルモン物質が変異し，体に悪影響を与えるようになったもので，特に生物の成長を阻害する原因となっている。

D 自動車の排気ガスや工場の排煙などに含まれている，硫黄酸化物（SO_x）や窒素酸化物（NO_x）が，酸性雨の原因となっている。

① A

② A，B

③ C

④ B，D

⑤ C，D

環境問題への取り組みに関する次の記述のうち，妥当なもののみすべて挙げているのはどれか。

A　1997年に開かれた京都会議とは，気候変動枠組み条約の第3回締約国会議のことであり，そこで採択されたのが，先進各国の温室効果ガスの削減目標を定めた京都議定書である。

B　1997年に制定，1999年から施行されている環境アセスメント法により，国または地方自治体による開発事業についてのみ，環境に及ぼす影響を事前に調査・評価する制度が定められた。

C　2000年に成立した循環型社会形成推進基本法は，資源の効率的な利用やリサイクルを進めることによって資源の消費を抑制し，環境への負荷が少ない循環型社会を形成することを目的とし，国・地方公共団体・事業者および国民の役割分担を明確化している。

D　2001年より施行されている家電リサイクル法では，テレビ・エアコン・冷蔵庫・洗濯機についてのリサイクルが定められており，消費者は製品の購入時にリサイクル費用を支払うことになっている。

①　A

②　A，C

③　B，D

④　C

⑤　D

No.27

(解答 ▶ P.49)

資源とエネルギーに関する以下の各文のうち，妥当な記述の組合せとして正しいものはどれか。

A 日本の電力は，主として火力発電によってまかなわれてきたが，増え続ける電力需要に対応するため，徐々に原子力発電への依存傾向が強まった結果，現在では原子力による発電量が火力による発電量を上回っている。

B 石炭や石油などの化石燃料の埋蔵量は有限であり，現在ではその枯渇が懸念されるようになってきているが，今後，技術革新や価格変動などによって採掘の採算がとれるようになってくると，確認埋蔵量は増加する。

C 火力発電は，放射能漏れの危険性がなく，放射性廃棄物の管理などが必要ないという点で，原子力発電に比べて安全性の高い電力源であるということができるが，発電の過程で排出される二酸化炭素によって，地球温暖化の原因になっている。

D 太陽光・太陽熱・風力・地熱・潮力などの自然エネルギーを使用した発電は，無限に近い利用が可能であり，また環境汚染を引き起こさないところから発電量が増加の一途をたどっていて，現在の日本では水力発電と同等の電力供給を行っている。

① A，B
② A，C
③ A，D
④ B，C
⑤ B，D

No.28

(解答 ▶ P.49)

資源の有効活用と廃棄物に関する以下の記述のうち，正しいものは次のうちどれか。

① 企業や官庁の OA 化が進展して，CD-R などの記録媒体が普及したことに伴って，紙の消費量は大幅に減少した。

② 最近，集積回路（IC）製造が光化学スモッグを引き起こすことが判明し，ハイテク企業が無公害であるという考え方が変わった。

③ 家庭ゴミは有害物質をほとんど含んでいないため，焼却処分や埋め立て用に使用され，家庭ゴミそのものが問題化したことはない。

④ バーゼル条約の締結によって，条約の特定する有害廃棄物等の輸出には，輸入国の書面による同意が必要になった。

⑤ 家電リサイクル法の制定によって，すべての家電製品に対して，廃棄する際リサイクルすることが義務付けられた。

次に挙げる事項が起こった年を「昭和」と「平成」に分けたとき，平成に入るものの組合せとして適当なものはどれか。

A　男女雇用機会均等法成立
B　消費税率5％へ引き上げ
C　阪神淡路大震災
D　五十五年体制の崩壊
E　NTT発足
F　ロッキード事件発覚

① A，B，C
② A，D，E
③ B，C，D
④ B，D，F
⑤ C，E，F

近年に成立した法律に関する次の記述A～Dのうちで，妥当なもののみすべて挙げているのはどれか。

A　1997年に改正された男女雇用機会均等法では，募集・採用，配置・昇進・教育訓練，一定の福利厚生，定年・退職・解雇について，男女間に均等な機会を与えるように企業努力を義務づけている。
B　1999年に成立した男女共同参画社会基本法は，男女の人権が尊重され，かつ社会経済情勢の変化に対応できる豊かで活力ある社会を実現するために，基本理念を定め，国・地方公共団体および国民の責務を明らかにすることを目的としている。
C　2001年に制定されたドメスティック・バイオレンス（DV）防止法は，婚姻の届出をしていない者を除き，配偶者からの暴力の防止及び被害者の保護を図ることを目的としている。
D　2004年に民法の大改正が行われ，現代語化のほか選択的夫婦別姓制度が導入された。

① A
② B
③ B, C
④ C, D
⑤ D

No.31

（解答 ▶ P.49）

図は，わが国における主要死因別死亡率の推移を示したものであるが，図中のア～エに該当する語句の組合せとして妥当なのはどれか。

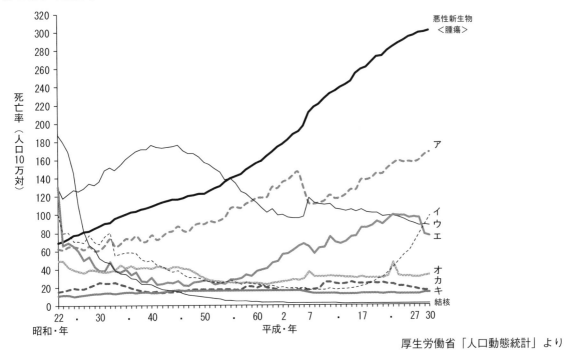

厚生労働省「人口動態統計」より

	ア	イ	ウ	エ
①	心疾患	老衰	脳血管疾患	肺炎
②	心疾患	老衰	高血圧性疾患	老衰
③	心疾患	自殺	脳血管疾患	老衰
④	肝疾患	老衰	高血圧性疾患	肺炎
⑤	肝疾患	自殺	脳血管疾患	老衰

第5章 日本・東洋の思想

No.1

（解答 ▶ P.50）

日本の宗教について，その組合せの誤っているのはどれか。

① 栄西 ——— 臨済宗

② 道元 ——— 曹洞宗

③ 法然 ——— 真言宗

④ 日蓮 ——— 法華宗

⑤ 親鸞 ——— 浄土真宗

No.2

（解答 ▶ P.50）

次の組合せの中で誤っているのはどれか。

① 道元 ——— 身心脱落

② 親鸞 ——— 絶対他力

③ 一遍 ——— 辻説法

④ 法然 ——— 専修念仏

⑤ 日蓮 ——— 題目唱和

No.3

（解答 ▶ P.50）

次の中で鎌倉仏教に関係する人物の著作でないものはどれか。

① 『教行信証』

② 『興禅護国論』

③ 『選択本願念仏集』

④ 『立正安国論』

⑤ 『性霊集』

No.4

（解答 ▶ P.50）

他力信仰に基づく思想を打ちたてた人物と関係のないものはどれか。

① 悪人正機説

② 只管打坐

③ 専修念仏

④ 浄土真宗

⑤ 教行信証

No.5

（解答 ▶ P.50）

以下の書物と著者名の組合せのうち，誤っているのはどれか。

① 『聖教要録』　　　山鹿素行

② 『正法眼蔵』　　　栄西

③ 『自然真営道』　　安藤昌益

④ 『歎異抄』　　　　唯円

⑤ 『立正安国論』　　日蓮

No.6

（解答 ▶ P.50）

石田梅岩の思想に関するものはどれか。

① 身分上の差別は先天的に定められていると考え，士農工商などの身分秩序を正当化した。

② 朱子学派や陽明学派などのような儒学者による解釈を批判し，孔子・孟子の原典に直接触れて真意を汲みとろうとした。

③ 「孝」はあらゆる人間関係を成立させる根本原理であると説いた。

④ 「もののあわれ」を知る真心にしたがって生きることが，人間本来のあり方と説いた。

⑤ 自分の身分や持ち分に満足し，正直と倹約の道に生きるべきだと説いた。

No.7

（解答 ▶ P.50）

以下の各文のうち，「安藤昌益」について書かれているものはどれか。

① 農本主義の立場から，すべての人が直接農耕に従事し，自ら衣食住を自給する「自然世」を理想とした。

② 儒教・仏教・神道などを，自身の生活体験に基づいて融合した「石門心学」を完成させた。

③ 古事記の実証的研究に励み，「真心」を尊ぶ生き方を日本古来の道とした。

④ 古文辞学の創始者で，天下安泰を導く道を「先王の道」として，孔子の説いた「道」と同一にとらえた。

⑤ 古義学の創始者で，仁・愛を重視し，それを実現するための心のあり方として，純粋な心情である「誠」を強調した。

次の言葉と関連の深い人物は誰か。

「真の善行というのは，客観を主観に従へるのでもなく，また主観が客観に従ふのでもない…。」

① 和辻哲郎

② 吉野作造

③ 福沢諭吉

④ 中江兆民

⑤ 西田幾多郎

次の言葉と関連の深い人物は誰か。

「私どもにとって，愛すべき名とは天上天下ただ二つあるのみ…。私どもにとってはイエスと日本国は同一のもの…。」

① 西田幾多郎

② 和辻哲郎

③ 中江兆民

④ 福沢諭吉

⑤ 内村鑑三

個人を出発点とする西洋の伝統的な倫理観に対し，人間関係を原点とする考え方を示した人物は誰か。

① 加藤弘之

② 岡倉天心

③ 西田幾多郎

④ 中村正直

⑤ 和辻哲郎

（解答▶P.51）

No.11

以下のＡとＢは，日本の近代思想家について書かれたものである。これらに当てはまる人物の組合せとして最も妥当なものは，次のうちどれか。

Ａ　この人物は，自己の禅体験を元に，東洋思想と西洋思想の根源的統一を図ろうとした。その結果，主観と客観がまだ区別されない主客未分の状態における根本的な経験である純粋経験にこそ，真の実存があるとした。

Ｂ　この人物は，人間は本質的にすべて平等であるという天賦人権論を説き，実用的な西洋学問を実学と呼んで，その必要性を強調した。そして，欧米列強の侵略から日本の独立を守るために脱亜論を唱えた。

	Ａ	Ｂ
①	西田幾多郎	内村鑑三
②	和辻哲郎	内村鑑三
③	和辻哲郎	福沢諭吉
④	西田幾多郎	福沢諭吉
⑤	西田幾多郎	和辻哲郎

（解答▶P.51）

No.12

以下の各文は日本の近代の思想家とその説明である。誤っているものはどれか。

①　「東洋のルソー」とよばれた中江兆民は，『社会契約論』を翻訳した。

②　人と人との間柄の学としての倫理学を発表したのは，和辻哲郎である。

③　明六社の人々には，西周や加藤弘之らがいる。

④　「二つのＪ」を重視した内村鑑三は，教会主義の立場を採った。

⑤　福沢諭吉は，独立自尊と天賦人権論の立場を採った。

次に挙げる４つの思想を①～⑤の日本の思想家と組み合わせたとき，これらの思想に当てはまらない人物は誰か。

A　為政者が人民に恵み与えた権利であっても，人民はそれを育てていって，その権利を実質的なものに変えていかなくてはならない。

B　「自己本位」とは，他者への依存を捨てると同時に，他者をも尊重するものであり，エゴイズムを克服していこうとするものである。

C　イエスへの愛と日本への愛は両立しうるものであるから，日本は軍事的な国家としてではなく，イエスへの愛と信仰に基づいた道義的な国家として世界の中に存在しなくてはならない。

D　日本の文化の基層は，農民などの民衆によって形成されてきたのであるから，日本の文化を理解するためには，民間伝承や習俗の研究を通じて，そうした民衆の生活文化に迫っていかなければならない。

①　中江兆民

②　福沢諭吉

③　柳田国男

④　内村鑑三

⑤　夏目漱石

日本には様々な「通過儀礼」があるが，次のうち通過儀礼に当たるものはどれか。

①　七夕

②　盆

③　ひな祭り

④　端午の節句

⑤　七五三

次のうち，孔子の教えにないものはどれか。

①　仁

②　忠

③　無

④　恕

⑤　礼

No.16

（解答▶P.51）

孔子の教えとして正しいものはどれか。

① 私利私欲を抑え，他人を思いやる具体的な行動である礼に従うことを重視した。

② 武力による政治は易姓革命により，仁義に基づく政治に代わらねばならないと考えた。

③ 水のように柔軟で謙虚な態度を理想とした。

④ すべてのものは対立なく平等であると考え，そのような精神を持ち自然と一体となって生きることを理想とした。

⑤ 戦争に反対する立場を採ったが，防衛のための戦争はやむを得ないと考えた。

No.17

（解答▶P.51）

儒教の思想についての正しい組合せはどれか。

① 性即理 ──── 孔子

② 徳治主義 ── 孟子

③ 性悪説 ──── 朱子

④ 性善説 ──── 荀子

⑤ 心即理 ──── 王陽明

No.18

（解答▶P.51）

次のうち，老子を表した文章として最も妥当なものはどれか。

① 心からの愛と，それを外面化する規範を重視した。

② すべてのものは対立なく平等であると説き，自然と一体となって生きることを理想とした。

③ 儒家の家族中心の愛を批判し，無差別で平等な愛を説いた。

④ 人間の本性を悪として，その根拠に四端を挙げた。

⑤ 自然な生き方を，流れる水の中に見て，「上善は水の如し」と説いた。

（解答 ▸ P.52）

中国の諸子百家に関する記述として，妥当な記述はどれか。

① 孔子の教えは，中国の伝統である礼の文化を個人として追求するため，時としては主人の命に背いてもやむを得ないものとしている。

② 孔子の教えが学問として浸透したのは，先人の成功例をたどることが最も合理的で祖先の名誉も保つことができるからである。

③ 孟子は社会において礼を特に重視し，自己の欲望を抑えて社会秩序を保つ重要性を説いた。

④ 孟子は有徳者による徳治主義を是とし，人間関係における五倫の徳を人間関係の基本とした。

⑤ 老荘思想は儒家の思想を基本とし，無為自然という摂理によって人間の幸福を目指そうとした。

（解答 ▸ P.52）

イラスム教の創始者にして，預言者（神の声を代弁する人）は次のうち誰か。

① スンニ

② アッラー

③ シーア

④ ムハンマド

⑤ コーラン

No.1

（解答 ▶ P.52）

以下の各文は，古代ギリシア哲学のアルケーについて書かれたものである。誤っているものはどれか。

① アルケーを土・空気・火と主張した人物は，エンペドクレスである。
② アルケーを水と主張したのはプロタゴラスである。
③ アルケーを数と主張したのはピタゴラスである。
④ アルケーを火と主張したのはヘラクレイトスである。
⑤ アルケーを原子と主張したのはデモクリトスである。

No.2

（解答 ▶ P.52）

アリストテレスの著作はどれか。

① 政治学
② 人間はポリス的動物である
③ リュケイオン
④ 国家
⑤ アカデメイア

No.3

（解答 ▶ P.52）

以下の各書のうち，プラトンの著作はどれか。

① 『ニコマコス倫理学』
② 『政治学』
③ 『労働と日々』
④ 『神曲』
⑤ 『ソクラテスの弁明』

No.4

（解答 ▶ P.52）

古代ギリシアの思想として，誤っているものはどれか。

① ソフィストの絶対主義に対して，ソクラテスは相対主義を主張した。
② 「万学の祖」とされるアリストテレスは，「人間はポリス的動物である」とした。
③ 古代ギリシアの思想家は，人間も自然の内に含まれ，自らの原理に従って生々流転するものとした。
④ デルフォイの神託により，ソクラテスは「無知の知」という思想を打ち立てた。
⑤ プラトンは，哲人政治こそ政治の理想型とした。

No.5

ソフィストに関するものとして，正しいものはどれか。

① ソフィストは，習慣や伝統に盲従していた。

② ソフィストは，社会に対する批判の目を養う役割を果たせなかった。

③ ソフィストは，真理の相対性を主張するソクラテスを批判した。

④ ソフィストは，普遍的真理を肯定し，それに対し異を唱える者を，すぐれた弁論術によって打破していった。

⑤ ソフィストは，相対的な思考が行きすぎ，詭弁を弄する者が多く出た。

No.6

アリストテレスの思想に関するものはどれか。

① 人間の魂は，肉体に宿る前に理想的なものを見ており，それを想い出すことによって魂は理想的なものを認識できる。

② 大切なのは，ただ生きることではなく，善く生きることである。

③ 認識や価値の絶対的な判断を否定し，それぞれの人間があらゆる判断をする際の基準となる。

④ 知識のために知識を求める思索活動が，哲学者にとって理想の生活である。

⑤ 情念にまどわされずに理性的に生きることを理想とし，「自然に従って生きよ」を生活信条とした。

No.7

ユダヤ教・キリスト教・イスラム教に関係の深くないものはどれか。

① ヤハウェ

② ムハンマド

③ ヴェーダ

④ コーラン

⑤ ペテロ

No.8

キリスト教の思想に関する記述として正しいものは，次のうちどれか。

① 神への愛と隣人愛という無差別の愛の実践を説いた。

② 正しい修行方法として，八正道を説いた。

③ アッラーを絶対的唯一神とした。

④ 律法（トーラ）を神の命令とし，信徒に絶対的服従を強いた。

⑤ ユダヤ民族はヤハウェによって選ばれた民だとする，選民思想を説いた。

No.9
（解答 ▶ P.53）

次の記述のうちで，正しくないものはどれか。

①　モラリスト ―――――― パスカル

②　ソフィスト ―――――― プロタゴラス

③　プラグマティズム ――― デューイ

④　自然哲学 ――――――― ヘラクレイトス

⑤　功利主義 ――――――― ヤスパース

No.10
（解答 ▶ P.53）

次の組合せの中で誤っているのはどれか。

①　デカルト ――― ４つのイドラの排除

②　ロック ――――― 白紙

③　カント ――――― 善意志

④　J.S. ミル ――― 精神的快楽

⑤　ヘーゲル ――― 人倫の三段階

No.11
（解答 ▶ P.54）

次の組合せで正しいものはどれか。

①　パスカル ―――― 私は何を知っているか

②　ルター ―――――― 予定説

③　スピノザ ――――― 汎神論

④　カント ―――――― 人倫の三段階

⑤　ハイデッガー ――― 実存は本質に先立つ

No.12
（解答 ▶ P.54）

「経験による知識は自然に対する支配を可能にする」という考えを示した人物は誰か。

①　デューイ

②　ジェームズ

③　パース

④　ロック

⑤　ベーコン

No.13 (解答 ▸ P.54)

次の有名な言葉とそれを残した人物の組合せとして，誤っているものはどれか。

① 「人間はパンのみにて生きるにあらず」── アリストテレス

② 「われ思う，ゆえにわれあり」────── デカルト

③ 「人間は考える葦である」──────── パスカル

④ 「人間は万物の尺度である」─────── プロタゴラス

⑤ 「私は何を知るか」─────────── モンテーニュ

No.14 (解答 ▸ P.54)

次の言葉のうち質的功利主義の立場から示されたものはどれか。

① 人間は考える葦である。

② 満足した愚か者であるよりは，不満足なソクラテスである方がよい。

③ 知は力なり。

④ われ思う，ゆえにわれあり。

⑤ 自然へかえれ。

No.15 (解答 ▸ P.54)

ベーコンの言うイドラのひとつで，権威を無批判に受け入れることを何というか。

① 市場のイドラ

② 王宮のイドラ

③ 劇場のイドラ

④ 種族のイドラ

⑤ 洞窟のイドラ

No.16
（解答▶P.54）

次の文中の空欄ア〜エに当てはまる語の組合せとして，正しいものはどれか。

　イギリス経験論の祖である（　ア　）は，実験や観察によって得られた経験的事実を土台として，それらの共通法則を見い出す（　イ　）によって，自然を支配できると考えた。これは「知は力なり」という言葉によく表されている。

　これに対し，大陸合理論の祖である（　ウ　）は，本当に確実なものを求めるために，すべてのものを疑うことができるが，「疑っている自分の存在」だけは疑うことができないとして「コギト＝エルゴ＝スム」を第一原理とした。そして確実な原理を出発点として，理性の論証を積み重ねることによってすべての知識を導き出す（　エ　）を唱えた。

	ア	イ	ウ	エ
①	パスカル	弁証法	デカルト	懐疑論
②	F.ベーコン	弁証法	モンテーニュ	懐疑論
③	F.ベーコン	帰納法	モンテーニュ	懐疑論
④	パスカル	帰納法	デカルト	演繹法
⑤	F.ベーコン	帰納法	デカルト	演繹法

No.17
（解答▶P.54）

以下の各文のうち，帰納法に基づく学問の創設を目指したベーコンの思想を要約した記述はどれか。

① 知識の価値は，それが人間にもたらす快楽や幸福の程度によって決まってくる。
② 私たちの知識は，自己内部の正と反の対立を経て，次の段階へと発展していく。
③ 自然を支配するための知識は，事実に即して自然を観察することから得られる。
④ 人間は，自然の中で最も弱い存在ではあるが，思索するがゆえに偉大である。
⑤ 真の知識を獲得するためには，一切の知識を疑ってかかることが必要である。

カントの思想に関する記述として正しいものは，次のうちどれか。

① ドイツ観念論の哲学者で，彼の思想の中核は人間尊重の精神にあり，人格の尊厳の確立にあった。

② ドイツ観念論の完成者で，世界を絶対精神の自己展開とみる絶対的観念論の体系を築いた。

③ 快苦の源泉を自然的，法律的，道徳的，宗教的の４つに求め，これらが人間の行為に与える拘束力を制裁（サンクション）と呼んだ。

④ 人類の知識の発展を神学的，形而上学的，実証的の三段階に分け実証的科学による人類の進歩を説いた。

⑤ 人間は考える葦であり，虚無と全体の中間にあり，偉大さと悲惨さの間で不安な存在であると主張した。

以下の各記述と思想家の組合せとして妥当なのはどれか。

A　18世紀後期の思想家で，人格主義の提唱者。従来の経験論や啓蒙思想を再構成し，自由で自立的な理性を持った道徳的人格に基づく社会の実現を主張したドイツ理想主義を提唱した。

B　19世紀の思想家で，従来の理想主義を弁証法によって体系的に説明した。自由な精神が組織化したものを国家と捉え，国家を真の自由の実現形態と位置づけた。

C　19世紀後期の思想家で，人間が権力への意思を失った原因はキリスト教的な道徳に基づく強者へのねたみにあると考え，キリスト教的な道徳からの脱却を目指すよう主張した。

	A	B	C
①	カント	ヘーゲル	ニーチェ
②	ニーチェ	カント	マルクス
③	カント	ヘーゲル	マルクス
④	ニーチェ	ヘーゲル	カント
⑤	マルクス	ニーチェ	ヘーゲル

No.20

（解答 ▶ P.55）

不安と絶望の果ての信仰の中で，実存主義の先駆的な立場に立った彼は美的実存，倫理的実存，宗教的実存の三段階により思想を展開した。主著に『あれかこれか』がある有神論的哲学者は誰か。

① キルケゴール

② サルトル

③ ニーチェ

④ ハイデッガー

⑤ ヤスパース

No.21

（解答 ▶ P.55）

実存主義についての記述で正しいものはどれか。

① 実存主義とは，行為の善悪の基準を，その行為が快楽をもたらすか否かに求めるものである。

② 実存主義には，無神論的実存主義と有神論的実存主義の2つの流れがある。

③ 無神論的実存主義にはヤスパース，有神論的実存主義にはハイデッガーがいる。

④ 実存主義の先駆者は，キルケゴールとサルトルである。

⑤ ニーチェは，単独者の自覚の必要性を説いた。

No.22

（解答 ▶ P.55）

A ～ C に該当する語句の組合せとして正しいものはどれか。

（ A ）は，国家主権の絶対性の中で，個人は契約により成立すると考えた。しかし，（ B ）は，人民の抵抗する権利により国家の絶対性を否定した。その後，（ C ）は，国家主権は一般意志に基づき社会契約を形成するものとした。

	A	B	C
①	ルソー	ホッブズ	ロック
②	ホッブズ	ロック	ルソー
③	ロック	ホッブズ	ルソー
④	ホッブズ	ルソー	ロック
⑤	ロック	ルソー	ホッブズ

No.23 (解答 ▶ P.55)

次のうち，同じ思想の流れをくむ人物の組合せとして誤っているものはどれか。

① パスカル ―――― モンテーニュ

② デカルト ―――― ロック

③ カント ―――――― ヘーゲル

④ パース ―――――― デューイ

⑤ ニーチェ ―――― ハイデッガー

No.24 (解答 ▶ P.55)

思想上の師弟関係として，正しくないものはどれか。

① ソクラテス ――― プラトン

② ベンサム ――――― J.S. ミル

③ 老子 ――――――― 荘子

④ 法然 ――――――― 親鸞

⑤ 本居宣長 ――――― 熊沢蕃山

No.25 (解答 ▶ P.55)

日本人は他人の世評を気にして，他人に恥をさらすことを嫌う「恥の文化」であるとした，アメリカの文化人類学者は誰か。

① ルース＝ベネディクト

② エドワード＝シュプランガー

③ エリック＝フロム

④ マックス＝シェーラー

⑤ ヴィクター＝フランクル

MEMO

公務員試験

地方初級・国家一般職(高卒者) 問題集 社会科学 第4版

2013年3月1日 初 版 第1刷発行
2024年2月10日 第4版 第1刷発行

編 著 者	Ｔ Ａ Ｃ 株 式 会 社	
	（出版事業部編集部）	
発 行 者	多 田 敏 男	
発 行 所	Ｔ Ａ Ｃ 株式会社 出版事業部	
	（ＴＡＣ出版）	

〒101-8383
東京都千代田区神田三崎町3-2-18
電話 03 (5276) 9492 （営業）
FAX 03 (5276) 9674
https://shuppan.tac-school.co.jp/

印 刷	株式会社 ワ コ ー	
製 本	東 京 美 術 紙 工 協 業 組 合	

© TAC 2024 Printed in Japan ISBN 978-4-300-11058-4
N.D.C. 317

本書は、「著作権法」によって、著作権等の権利が保護されている著作物です。本書の全部または一部につき、無断で転載、複写されると、著作権等の権利侵害となります。上記のような使い方をされる場合、および本書を使用して講義・セミナー等を実施する場合には、小社宛許諾を求めてください。

乱丁・落丁による交換，および正誤のお問合せ対応は，該当書籍の改訂版刊行月末日までといたします。なお，交換につきましては，書籍の在庫状況等により，お受けできない場合もございます。
また，各種本試験の実施の延期，中止を理由とした本書の返品はお受けいたしません。返金もいたしかねますので，あらかじめご了承くださいますようお願い申し上げます。

TAC出版 書籍のご案内

TAC出版では、資格の学校TAC各講座の定評ある執筆陣による資格試験の参考書をはじめ、資格取得者の開業法や仕事術、実務書、ビジネス書、一般書などを発行しています！

TAC出版の書籍 *一部書籍は、早稲田経営出版のブランドにて刊行しております。

資格・検定試験の受験対策書籍

- ◎日商簿記検定
- ◎建設業経理士
- ◎全経簿記上級
- ◎税　理　士
- ◎公認会計士
- ◎社会保険労務士
- ◎中小企業診断士
- ◎証券アナリスト

- ◎ファイナンシャルプランナー(FP)
- ◎証券外務員
- ◎貸金業務取扱主任者
- ◎不動産鑑定士
- ◎宅地建物取引士
- ◎賃貸不動産経営管理士
- ◎マンション管理士
- ◎管理業務主任者

- ◎司法書士
- ◎行政書士
- ◎司法試験
- ◎弁理士
- ◎公務員試験(大卒程度・高卒者)
- ◎情報処理試験
- ◎介護福祉士
- ◎ケアマネジャー
- ◎社会福祉士　ほか

実務書・ビジネス書

- ◎会計実務、税法、税務、経理
- ◎総務、労務、人事
- ◎ビジネススキル、マナー、就職、自己啓発
- ◎資格取得者の開業法、仕事術、営業術
- ◎翻訳ビジネス書

一般書・エンタメ書

- ◎ファッション
- ◎エッセイ、レシピ
- ◎スポーツ
- ◎旅行ガイド (おとな旅プレミアム/ハルカナ)
- ◎翻訳小説

書籍の正誤に関するご確認とお問合せについて

書籍の記載内容に誤りではないかと思われる箇所がございましたら、以下の手順にてご確認とお問合せをしてくださいますよう、お願い申し上げます。

なお、正誤のお問合せ以外の**書籍内容に関する解説および受験指導など**は、一切行っておりません。
そのようなお問合せにつきましては、お答えいたしかねますので、あらかじめご了承ください。

1 「Cyber Book Store」にて正誤表を確認する

TAC出版書籍販売サイト「Cyber Book Store」の
トップページ内「正誤表」コーナーにて、正誤表をご確認ください。

CYBER TAC出版書籍販売サイト
BOOK STORE

URL：https://bookstore.tac-school.co.jp/

2 **1** の正誤表がない、あるいは正誤表に該当箇所の記載がない
⇒ 下記①、②のどちらかの方法で文書にて問合せをする

★ご注意ください★

お電話でのお問合せは、お受けいたしません。
①、②のどちらの方法でも、お問合せの際には、「お名前」とともに、
「対象の書籍名（○級・第○回対策も含む）およびその版数（第○版・○○年度版など）」
「お問合せ該当箇所の頁数と行数」
「誤りと思われる記載」
「正しいとお考えになる記載とその根拠」
を明記してください。
なお、回答までに1週間前後を要する場合もございます。あらかじめご了承ください。

① ウェブページ「Cyber Book Store」内の「お問合せフォーム」より問合せをする

【お問合せフォームアドレス】

https://bookstore.tac-school.co.jp/inquiry/

② メールにより問合せをする

【メール宛先　TAC出版】

syuppan-h@tac-school.co.jp

※土日祝日はお問合せ対応をおこなっておりません。
※正誤のお問合せ対応は、該当書籍の改訂版刊行月末日までといたします。

乱丁・落丁による交換は、該当書籍の改訂版刊行月末日までといたします。なお、書籍の在庫状況等により、お受けできない場合もございます。
また、各種本試験の実施の延期、中止を理由とした本書の返品はお受けいたしません。返金もいたしかねますので、あらかじめご了承くださいますようお願い申し上げます。

（2022年7月現在）

社会科学

Social science

TAC出版編集部編

問題集

目次

第1編　政治

第1章　民主政治

（問題，本文2ページ）

No.1

① 　× 　「4つの自由」を説いたのはアメリカ合衆国大統領フランクリン＝ローズヴェルト。

② 　× 　アメリカ独立宣言の起草者はトマス＝ジェファソン。トマス＝ペインは『コモン＝センス』の著者。

③ 　× 　「万人の万人に対する闘争」はホッブズの言葉。

④ 　× 　『リヴァイアサン』はホッブズの著書。

答　⑤

No.2

① 　× 　法の支配を最初に唱えた人物。13世紀のイギリスの裁判官。「国王といえども神と法の下にある」という言葉は有名。法の支配とは，人権保護を目的とし，権力者といえども，自然法（正義の法，ここでは，人権を守るための法と考えるべきであろう）に従わなければならないという原理。民主政治の重要な原理のひとつ。

② 　× 　ブライスは，「地方自治は民主主義の学校」という言葉を残した。地方自治の重要性を説いた人物。

③ 　○ 　法の支配は，イギリスでブラクトン→エドワード＝コーク→ダイシーという順で確立された。

④ 　× 　ロックやルソーと並ぶ代表的な社会契約論者。「万人の万人に対する闘争」を防ぐため，人民相互の合意で国家を造り，その国家に絶対服従すべきだとした。そうすると，人々が互いに権利を主張して譲らずに争いが発生するのを防ぐことができると考えたのである。

⑤ 　× 　法の支配を確立した人物。法の支配

の原則を示した。それは，(1)国民の代表者による立法　(2)法の平等な適用　(3)法に基づく行政・裁判である。

答　③

No.3

① 　バージニア権利章典　　1776年

② 　『権利請願』　　　　　　1628年

③ 　マグナ＝カルタ　　　　 1215年

④ 　人身保護律　　　　　　 1679年

⑤ 　『権利章典』　　　　　　1689年

したがって，③→②→④→⑤→①の順である。

答　②

No.4

同一の人物（もしくは機関）によって三権が行使されれば，権力が濫用され，市民の自由はなくなる。したがって国家権力を3つに分け，相互の抑制と均衡を保つべきだと主張した。

答　②

No.5

①② 　× 　法の支配はイギリスの憲法学者ダイシーがその著書『イギリス憲法研究序説』の中で体系づけた。また，マキァヴェリの『君主論』や王権神授説は君主（権力者）の恣意による支配（人の支配）を認めているので，人の支配を否定する法の支配の考え方とは対立する考え方である。

③④ 　× 　法の支配と法治主義は，権力者の恣意による支配を排除するという点では考え方が一致するが，法の支配が自然法による支配を意味するのに対し，法治主義ではその法の手続きや形式が重視される点が大きく異なる。

答　⑤

No.6

ア 　「弱肉強食の世界」と「絶対的に服従する」

がポイント。弱肉強食→万人の万人に対する闘争状態，服従→主権者への服従（抵抗権の否定）と考えれば，絶対王政を擁護したホッブズであることが分かる。

イ 「人民は国家に抵抗できる」の部分がポイントである。すなわち，抵抗権を肯定したロックの主張であることが分かる。

ウ ルソーの主張である。文中の「人民の共通の意志」がポイントで，これはルソーの「一般意志」の概念を示す。

答 ④

No.7

A ロックの思想。主著は『市民政府二論』。「抵抗権」がキーワード。

B ホッブズの思想。主著は『リヴァイアサン』。人間は自然状態の下で自然権を持つが，各人が自然権を主張することによって「万人の万人に対する闘争」状態になるため，社会契約によって自然権を国家に譲渡することが必要であるとした。ホッブズの考え方は結果的に絶対王政を擁護することになった。

C ルソーの思想。主著は『社会契約論』。「一般意思」がキーワード。

答 ④

No.8

② × 現代社会では，大半の国が「間接民主制」を採用している。

③ × 議会制民主主義とは，国民によって選出された代表者が集う議会において，民主政治を実現するという理念のことで，間接民主制を具体化した原理。この選択肢は「法の支配」の説明。

④ × 旧ドイツ帝国や戦前の日本では「法治主義」に基づく政治が行われていたが，現在は両国とも「法の支配」に基づいて政治を行っている。

⑤ × 厳格な三権分立論は，フランスの政治思想家「モンテスキュー」がその著書『法の精神』の中で主張している。

答 ①

No.9

これはフランスについての記述である。

答 ④

No.10

① × 下院で訴追され，上院で裁判する。

② ○ 上院は，大統領が締結する条約に承認を与えたり，大統領が任命する高級公務員（各省長官や，最高裁判所裁判官など）を承認したり，大統領の弾劾を行う権限を持つ。

③ × 大統領は，国民の間接選挙によって選ばれるが，「上院議員の中から」という決まりはない。

④ × 共和党と民主党の二大政党制。

⑤ × アメリカ合衆国に首相は存在しない。

答 ②

No.11

A：上院
B：承認権
C：下院
D：先議権

したがって，⑤が正しい。

答 ⑤

No.12

① × 選挙制度は小選挙区制である。だから二大政党制になりやすい。

② × 上院の定数は各州 2 人 × 50 州 ＝ 100 人。

③ × 最高法院が上院に置かれているのはイギリスである。

④ × 国民の間接選挙によって選ばれ，任期は 4 年。

答 ⑤

No.13

① × 1972 年 6 月の大統領選挙の際，共和党のニクソン大統領が，民主党の事務所に盗聴器を設置させた事件。これにより，ニクソンは 1974 年に大統領辞任。

② ×　クリントン元アメリカ大統領が州知事だった時の政治資金をめぐる疑惑。不正な政治資金の提供を受け，提供者に見返りとして特別の便宜を図っていたという。

③ ○　ある地区の裁判官に指名されていたマーベリーが，政権の交代で辞令交付を保留されたことで，国務長官のマディソンを被告とし，辞令の交付を求めて最高裁判所に提起した事件。

④ ×　1976年に表面化した，ロッキード社の航空機購入に関する贈収賄事件。田中角栄元首相らが起訴され，有罪となった。

⑤ ×　1773年，英本国議会が，アメリカ植民地への茶の直送と独占販売権を東インド会社に与えた法律，いわゆる茶条例に反対するアメリカ植民地人が，ボストンに入港していた東インド会社船を襲った事件。

答　③

No.14

① ×　イギリスの閣僚は，全員が国会議員でなければならない。

② ×　イギリスの裁判所に違憲審査権はない。

③ ×　イギリスの野党は影の内閣を組織するが，不文憲法の国であり憲法典が存在しないため，「憲法典に明記」の表現は誤り。

④ ×　スコットランド国民党や自由民主党なども議席を獲得している。

答　⑤

No.15

ロシア大統領には首相，大臣の任免権がある。また，連邦会議はロシア上院のことであり，大統領が解散できるのは国家会議（ロシア下院）。

答　②

No.16

① ×　アメリカ大統領選挙は，大統領選挙人による間接選挙である。

③ ×　フランスは大統領制と議院内閣制の混合政体を採っているが，大統領の権限は強大である。フランス大統領は国民の直接選挙によって選ばれ，任期は5年。首相は大統領が任命し，閣僚は首相の指名により大統領が任命する。

④ ×　二大政党制の典型として挙げられるのはアメリカとイギリスである。フランスやイタリアは多党制の国として知られる。

⑤ ×　イギリスは下院選挙に小選挙区制を採用しており，二大政党制の国である。

答　②

No.17

選挙によって選出された議員が，国民の代表者として政治を行うのが議会制民主主義。したがって，選挙は直接民主主義的とはいえない。

答　①

第 2 章　日本国憲法

（問題，本文 9 ページ）

No.1

A：恒久　B：公正　C：信義　D：生存
よって，⑤が正しい。

答　⑤

No.2

A：信託　B：権威　C：権力　D：福利
よって，②が正しい。

答　②

No.3

A：隷従　B：偏狭　C：国際社会　D：恐怖
よって，②が正しい。

答　②

No.4

日本国憲法第 76 条では，「すべて裁判官は，その（④良心）に従ひ独立してその職権を行ひ，この（①憲法）及び法律のみに拘束される」とあり，第 78 条では，「裁判官は，（②裁判）により，心身の故障のために職務を執ることができないと決定された場合を除いては，公の弾刻によらなければ罷免されない。裁判官の懲戒処分は，（③行政）機関がこれを行ふことはできない」とある。

答　⑤

No.5

① ○　統帥権とは天皇が陸海軍を率いる権限である。輔弼（ほひつ）するとは，助けることである。

② ×　議会が天皇の立法権を協賛した。

③ ×　内閣は天皇の行政権を輔弼したが，議会に対して責任は負わず，天皇に対して責任を負っていた。

④ ×　裁判所は，天皇の名の下に裁判を行った。当時は，天皇が統治権を総攬していた。つまり，立法・行政・司法の三権は全て天皇が有していた。

⑤ ×　元老・重臣は憲法外の機関。他にも，内大臣，宮内大臣などが憲法外機関として存在した。

答　①

No.6

学問の自由は日本国憲法で初めて規定された。他には思想・良心の自由，職業選択の自由などがある。

答　②

No.7

思想及び良心の自由は日本国憲法で初めて規定された。

答　③

No.8

③の記述は旧憲法による国民の権利の規定である。

答　③

No.9

② ×　明治憲法において天皇は「統治権の総攬者」として位置づけられ，立法・行政・司法・陸海軍の統帥権と，天皇にすべての権力が集中していた。

③ ×　「内閣」の助言と承認の下で，天皇は憲法の定める国事行為のみを行う。

④ ×　憲法第 9 条が定めているのは，戦争の放棄・戦力の不保持・交戦権の否認であり，条文上に非核三原則の規定はない。非核三原則とは，核兵器を「持たず，作らず，持ち込ませず」とする核兵器に対する日本の基本方針であり，1968 年に佐藤栄作首相が国会で表明したものである。

⑤ ×　最高裁判所が違憲であると判断した事実はない。

答　①

No.10

① ×　拒否権はない。

③ ×　違憲立法審査は，裁判になって初めて判断されるものであり，国会審議中の法

案に対して判断されることはない。

④　×　国務大臣の任免権は，内閣総理大臣のみが有し，事前承認などを受ける必要はない。

⑤　×　内閣にも法案提出権がある。

答　②

No.11

憲法第3条には「天皇の国事に関するすべての行為には，内閣の助言と承認を必要とし，内閣が，その責任を負ふ」とある。あわせて，第7条も参照のこと。

答　⑤

No.12

①③⑤は内閣の権限。④を行う国家機関はない。

答　②

No.13

法律・政令への署名・連署は内閣総理大臣の権限であり，他は内閣の職務。

答　①

No.14

1957年東京都砂川町（現立川市）で，米軍が使用する飛行場の拡張に対して住民が反発，反対運動を行ったことで起訴された。これが砂川事件である。被告（住民側）は日米安全保障条約とそれによる米軍の駐留は憲法前文及び憲法第9条に違反すると主張して争った。一審は米軍の駐留を憲法違反と判断した（伊達判決）が，最高裁は原判決を破棄し差し戻した。

答　④

No.15

①　×　憲法第9条は改正されていない。

②　×　政府見解では自衛戦争は認められるとしている。

③　×　自衛のために必要最小限度の「実力」は保持できるとしている。「戦力」とは言っていない。

④　×　長沼ナイキ基地訴訟では，第1審では違憲判決が出たが，第2審と最高裁は統治行為論を持ち出して判断を回避した。

⑤　○　統治行為論という。

答　⑤

No.16

①　×　国家公務員の待遇改善などを内閣と国会に対して勧告する。公務員の労働三権が制限されていることによる代償措置として設置されている行政委員会のひとつ。

②　○　内閣の作成した決算を検査する機関。検査の後，内閣は検査報告と共に決算を国会に提出。

③　×　国・地方警察の運営を管理する。警察の民主化，警察権の地方分権化を行うために設置された行政委員会のひとつ。

④　×　公正取引委員会は，市場の独占など不公正な取引を排除するために設置された行政委員会のひとつ。独占禁止法の番人的な存在。

⑤　×　労働者と使用者の対立の調整などを行う行政委員会のひとつ。なお，行政委員会とは憲法上定められている機関ではないが，政治的中立性が必要な行政を行うために設けられている。行政委員会の存在については賛否がある。

答　②

第3章　基本的人権

（問題，本文 15 ページ）

No.1

自由権は「国家からの自由」，社会権は「国家による自由」といわれる。自由権・参政権・社会権は基本的人権の三体系といわれ，基本的人権の保障の中心となるものである。

答　③

No.2

18 世紀的基本権とは自由権のことである。
①　自由権　②　請求権　③　請求権
④　社会権　⑤　平等権
よって，①が正しい。

答　①

No.3

①　×　思想・良心の自由に関する事件。
②　×　信教の自由に関する事件。
③　×　表現の自由に関する事件。
④　○　日米安全保障条約の違憲性について
　　　　争われた事件。
⑤　×　学問の自由に関する事件。
したがって①②③⑤が精神の自由に関する事件となる。

答　④

No.4

ア　社会権（第 27 条第 1 項）
イ　自由権〔身体（人身）の自由〕（第 33 条）
ウ　平等権（第 24 条第 1 項）
エ　請願権（第 17 条）
オ　参政権（第 93 条第 2 項）
カ　自由権〔経済の自由〕（第 22 条第 1 項）

答　③

No.5

「公共の福祉」とは，社会全体の利益のことである。「居住・移転及び職業選択の自由」と「財産権」。これら「経済の自由」と呼ばれるものは憲法上「公共の福祉」のために制限されることが明記されている。　答　④

No.6

（A）は国民主権。民主政治を支えるもっとも重要な原理の一つであり，その具体化のために近代憲法では参政権を強化した。
（B）は秘密投票。憲法で「すべて選挙における投票の秘密は，これを侵してはならない」（第 15 条第 4 項）と規定されている。
（C）は最高裁判所裁判官。最高裁判所裁判官の国民審査は憲法第 79 条第 2 項，第 3 項によって定められている。内閣総理大臣を国民の直接の判断によって罷免する制度は存在しない。
（D）は直接民主制。近代の民主政治では代表民主制が基本であるが，憲法には，憲法改正に関する国民投票や最高裁判所裁判官の国民審査，特定の地方公共団体にのみ適用される特別法に関する住民投票など，直接民主制的な制度も用意されている。

答　⑤

No.7

憲法第 31 条をそのまま解釈すると，政令などに罰則を設けることはできない。しかし日本の場合，憲法第 73 条に「政令には，特にその法律の委任がある場合を除いては，罰則を設けることができない。」となっている。また条例にも地方自治法において，法令の範囲内なら罰則を制定することが認められている。
よって，ウは誤っている。

答　②

No.8

①　×　4 親等内でなく 3 親等内である。
②　×　妻の氏でも可。
④　×　このような規定はない。
⑤　×　男女とも満 18 歳である。

答　③

No.9

プライバシー権とは，個人の私生活や私的情報をみだりに公開されない権利。知る権利とは，情報源から自由に情報を受け取り，もし

— 6 —

くは情報の開示を要求する権利。環境権とは，個人が良好な環境を享受することができる権利。

A，B，Cの内容は，いずれも正しい。

答　⑤

No.10

① × 「公共の福祉」によって制限することができない権利は思想・良心の自由などであり，表現の自由は公共の福祉による制限が認められている（例：プライバシーの侵害や名誉毀損など）。

③ × 社会権的基本権は「20世紀的基本権」とも呼ばれ，20世紀に入って認められた人権である。

④ × マス＝メディアに対し反論文などの掲載を求めるアクセス権は，「新しい人権」のひとつである。憲法では保障されていない。

⑤ × 日本においては，国内に在住する20歳以上の者であっても外国人などには参政権が保障されていない。また，2016年以降選挙権は満18歳以上に引き下げられた。

答　②

No.11

① × 最高裁は，家族の形や意識の変化を考えると，非嫡出子（婚姻していない男女から生まれた子）の法定相続分を嫡出子（夫婦から生まれた子）の2分の1としたことの合理的な根拠は失われており，法の下の平等を定めた憲法第14条1項に反すると判断した（平成25年）。

② × 最高裁は，憲法の規定は国または公共団体と個人との関係を規律するものであり，私人相互の関係を規律することを予定するものではない（＝間接適用説）と判断した（三菱樹脂事件）。

③ × 最高裁は，裁判所による出版の事前差止めは検閲には当たらないが，事前抑制そのものであるから厳格かつ明確な要件の下でのみ例外的に事前差止めが許されると

判断した（北方ジャーナル事件）。

④ ○ 最高裁は，大学内の学生の活動が実社会の政治的社会的活動であり，学問研究またはその結果の発表のためのものではない場合には，大学の有する特別の学問の自由と自治を享有しないと判断した（東大ポポロ劇団事件）。

⑤ × 最高裁は，新聞に意見広告が掲載され，それが名誉毀損として成立する場合は別として，具体的な成文法の根拠がない限り，反論文を掲載することを要求する権利を認めることはできないと判断した（サンケイ新聞意見広告事件）。

答　④

第4章　立法権・国会

（問題，本文 20 ページ）

No.1

委員会の定足数は，委員の2分の1以上，本会議は総議員の3分の1以上。議決に必要な数は，いずれも出席議員の過半数。

よって，①が正しい。

答　①

No.2

法案は，内閣が提出する場合と議員が発議する場合がある。いずれの場合も議長から該当する常任委員会もしくは特別委員会に付託され，審議結果の報告が本会議に回され，採決される。公聴会は，委員会が国民の関心が高い法案や予算審議の場合に行われる。

答　②

No.3

A：指名

B：両院協議会

首相は，国会議員の中から国会で指名され，天皇によって任命される。国会で指名を行うときには投票が行われ，多数の票を得た候補者が指名される。衆参各院での指名が異なった場合は，衆参各院からそれぞれ10人ずつの議員によって組織される両院協議会が開かれ，3分の2以上の多数で意見がまとまらなかったときは，衆議院で指名された候補者が最終的に国会で指名されたことになる。

答　③

No.4

緊急集会の開催は衆議院になく参議院にのみ認められている権限のひとつである。衆議院の解散中に開かれる。

答　③

No.5

① 　×　緊急集会の開催は，内閣のみ決定できる。

② 　×　議案の修正可決は，通常国会や臨時国会でも行うことができる。

③ 　×　参議院緊急集会の会期は内閣が決定。

⑤ 　×　衆議院の緊急集会は存在しない。

答　④

No.6

② 　○　衆議院の優越が認められるのは他に，法律案，予算の議決，内閣総理大臣の指名の場合がある。

③ 　○　憲法上の国会議員の特権は他に，歳費を受ける権利，会期中の不逮捕特権がある。

④ 　○　他に，秘密会を開く場合，懲罰によって議員を除名する場合，衆議院で法律案を再可決する場合がある。

⑤ 　×　これは特別会（特別国会）の説明である。

答　⑤

No.7

① 　×　通常国会は1回延長が可能である。

② 　×　国会議員も開催を求めることができる。

③ 　×　臨時国会は2回延長が可能である。

④ 　×　参議院も召集される。

⑤ 　○　両議院の会議は，公開とする。但し，出席議員の3分の2以上の多数で議決したときは，秘密会を開くことができる（憲法第57条第1項）。

答　⑤

No.8

① 　×　法律案の再可決には，衆議院で出席議員の3分の2以上の多数が必要である（憲法第59条第2項）。

② 　×　法律案について両院の議決が異なった場合でも両院協議会を開くことは可能である。内閣総理大臣の指名・予算の議決・条約の承認について両院が異なる議決をした場合には両院協議会を必ず開かなければならず，それでも意見が一致しない場合には衆議院の議決が優越する。

④　×　予算の先議権は衆議院に認められているが，条約の承認に関して先議権はない。

⑤　×　両院制を採る国ではどちらかの院の権限を強くしていることが多い。イギリスでは，下院優位の原則が確立している。

答　③

No.9

①　×　所属議院の許諾があれば逮捕される。また，院内における現行犯の場合も逮捕される場合がある。

③　×　特別会ではなく臨時会。

④　×　衆議院で出席議員の3分の2以上の多数で再可決されれば法律になる。

⑤　×　弾劾裁判所は両議院の議員で組織される。

答　②

No.10

③の記述には過半数とあるが，3分の2以上の賛成で再可決されれば，法律として成立する。

答　③

No.11

①　×　通常は議会第一党（議会で一番議員数が多い政党）が政権を担当することになるが，少数政党が連立政権を組むなどの場合，必ずしも政権を担当するとは限らない。

②　×　会期不継続の原則は，憲法上の原則ではなく，国会法の規定である。

③　×　国会審議における「委員会中心主義」は，アメリカをモデルとして戦後に導入されたものである。イギリス議会における審議は本会議を中心に行われる。

⑤　×　違憲立法審査は，憲法判断をしなければならない具体的な事件が起こり，その訴訟において裁判所が判断するものである。

答　④

第5章　行政権・内閣

（問題，本文 25 ページ）

No.1

衆議院の解散は，内閣の助言と承認によって行う天皇の国事行為であり，憲法第73条に定められる内閣の職務ではない。なお，憲法第73条に定められる内閣の職務とは，(1)法律の執行と国務の総理　(2)外交関係の処理　(3)条約の締結　(4)官吏に関する事務の掌理　(5)予算の作成と提出　(6)政令の制定　(7)恩赦の決定である。

答　①

No.2

①　×　明治憲法（大日本帝国憲法）下の首相は，「同輩中の首席」で他の閣僚と同格の地位だった。日本国憲法下では「内閣の首長」として，国務大臣を任免する強い権限を持つ。

③　×　内閣は内閣総理大臣と14人以内の国務大臣（ただし，特別に必要がある場合においては，3人を限度にその数を増加し，17人以内とすることができる）をもってこれを組織すると規定されている（内閣法第2条）。したがって内閣は最大で18人（復興庁設置期間中は19人）で構成される。

④　×　国務大臣は過半数が国会議員でなければならない。

⑤　×　現職の自衛官が任命されることはない。文民統制（シビリアン＝コントロール）の原則があり，軍人（日本の場合は自衛官）が政治に介入できない仕組みになっている。

答　②

No.3

②，③は内閣の職務，④，⑤は国会の権限である。

答　①

No.4

① × 国務大臣は，半数を超えない範囲で民間人を選ぶことができるが，内閣総理大臣は国会議員の中から選ばなければならない。

③ × 条約の締結には，事前または事後に国会の承認が必要となる。

④ × 衆議院の解散は，内閣不信任決議に対する対抗手段としての他，内閣が判断して解散することもできる。

⑤ × 天皇の国事行為に対する助言と承認は内閣の権限。内閣総理大臣が単独で行うものではない。

答　②

No.5

内閣が総辞職しなければならないのは，以下の場合。

・内閣総理大臣が欠けたとき。

・衆議院で内閣不信任案が可決（もしくは信任決議案が否決）された後，10日以内に衆議院が解散されなかったとき。

・衆議院議員総選挙の後に初めて国会の召集があったとき。

答　①

No.6

④の正確な条文は「内閣は，衆議院で不信任の決議案を可決し，又は信任の決議案を否決したときは，10日以内に衆議院が解散されない限り，総辞職をしなければならない。」似ているが，内閣不信任案が可決された11日後のことを考えると，正しい条文では「衆議院が解散されていなければ内閣総辞職」となるが，④の条文だと「内閣総辞職しなければ衆議院解散」になる。第69条解散（内閣不信任決議案可決を受けた衆議院解散）が10日以内に行われることを考えると，11日後に第69条解散が行われることはない。

答　④

No.7

① × 吉田内閣は対米協調路線を取り，1951年サンフランシスコ平和条約に調印し，日米安全保障条約を締結した。

③ × 池田内閣は安保闘争の激動の後組閣し，「国民所得倍増計画」をかかげ高度成長をいっそう進めたが，1964年の東京オリンピックの閉会後に病気のため佐藤栄作を後継に指名し辞職した。沖縄返還を花道に引退したのは佐藤栄作である。

④ × 1982年に成立した中曽根内閣は，行財政改革に着手し，国鉄をはじめとする3公社を民営化した。その後を受けた竹下登内閣は消費税を導入，リクルート事件などへの世論の反発により辞職した。

⑤ × 宮沢内閣は公約であった政治改革が実現できず，内閣不信任案が可決されたため衆議院を解散した。総選挙後に組閣された細川護煕内閣のもとで，小選挙区比例代表並立制の導入を柱とする政治改革が行われた。

答　②

No.8

②に記されている文民統制（シビリアン＝コントロール）は軍の最高決定権を文民（軍人以外の者）が掌握する制度で，軍の独走を抑制する目的で採用されている。民主国家の大半はこれを採り入れているが，議院内閣制のために必要なルールだとはいえない。

答　②

No.9

① × フランスは議院内閣制ではない。

② × 「国権の最高機関」とは，国政の中心的機関という意味で，他の国家機関より上位の機関という意味ではない。

③ × 連立政権になる場合は，内閣総理大臣が必ず下院第一党党首になるとは限らないし，閣僚がその政党に所属しているともいえない。

⑤ × 日本で下院に該当するのは衆議院。

答　④

No.10

① ×　内閣は議会の信任によって成立するのは事実だが，議会の一部ではない。

② ×　法律案の提出権は，国会議員と内閣にある。したがって内閣も提出する。

③ ○　大統領制は，立法府と行政府の対立を基本とする。

④ ×　首相の国務大臣任免には衆議院の同意を必要としない。また，内閣は国会で可決された法律案を拒否できない。大統領制では，アメリカの場合，大統領の国務大臣任免には上院の同意が必要。また，議会で可決された法律案を拒否することもできる。

⑤ ×　日本では，首相は国会議員の中から選出されることになっている。したがって衆議院議員でも参議院議員でもよい。

答　③

No.11

① ×　明治憲法では公務員は「天皇の官吏」とされていたが，日本国憲法では「すべて公務員は，全体の奉仕者であつて，一部の奉仕者ではない」と規定されている。

② ×　これは行政委員会に関する説明。審議会とは，政策立案の際に，利害関係者や学識経験者の意見を聞くために行政機関に付置される合議制の機関。行政委員会とは異なり実質的な行政的権限は持っていない。

③ ○　行政委員会制度は戦後アメリカの影響の下で導入された。行政的権限のほかに，準立法的・準司法的権限を持っているのが特色である。人事院・国家公安委員会・公正取引委員会・中央労働委員会などがその例である。

④ ×　オンブズマン制度とは，中立公平的な立場から，国政や地方行政について調査・勧告し，住民の苦情を受け付けて処理するという制度。

⑤ ×　「天下り」は，高級官僚が退職後に，関連の深い民間企業や公社・公団に再就職すること。

答　③

第6章　司法権・裁判所

（問題，本文29ページ）

No.1

A：終審
B：規則制定権
C：下級裁判所
D：国民審査

ちなみに，下級裁判所とは高等・地方・簡易・家庭裁判所の4種のことである。

答　①

No.2

① ×　三回裁判を受けることができるということであり，必ず三回受ける必要はない。

② ×　裁判は，裁判官の前で原告側と被告側が弁論のやりとりを行う「対審」と，判決を下す「判決」で成り立つ。「判決」は公開だが，「対審」は，裁判官の全員一致で非公開にできる場合もある。

③ ×　内乱罪は二審制となっており，高等裁判所で一審が行われる。

④ ○　これを「一事不再理の原則」という。正答。

⑤ ×　軽微な刑事事件（罰金刑以下）や軽微な民事事件（訴額140万円以下）は簡易裁判所が扱う。

答　④

No.3

①② ×　裁判官の懲戒や心身の故障による罷免は，最高裁判所判事および高等裁判所判事は最高裁判所が，それ以外の判事はその管轄区内の高等裁判所が行う分限裁判によって決定される（裁判官分限法）。
したがって，裁判官の懲戒や罷免に関して，内閣の関与はない。

③ ×　裁判官の弾劾裁判は衆参両議員で構成される，弾劾裁判所で行われる。

⑤ ×　裁判官のうち，国民審査があるのは最高裁判所判事のみである。したがって「どの裁判官であっても」という表現は誤り。

答　④

No.4

① ○　実質的に棄権できないことや，審査資料が不充分であることなどが国民審査の問題点といわれる。

②　×　最高裁判所裁判官は内閣が任命する。

③　×　下級裁判所裁判官は最高裁判所が作成した名簿により内閣が任命する。

④　×　最高裁判所長官は内閣が指名し，天皇が任命する。

⑤　×　国民審査は，最高裁判所裁判官が任命されて初めての衆議院総選挙のときと，その後は，10年ごとの衆議院総選挙のときに行われる。

答　①

No.5

誤っているものは以下の通り。

B　裁判途中で和解することができる。

C　14歳未満の少年は，刑事責任能力を問えない。

D　裁判官が積極的に証拠を収集することはない。

よって，正しいのはAのみである。

答　②

No.6

①　×　違憲立法審査権が導入されたのは，日本国憲法制定からである。

③　×　日本の裁判では，内乱罪などの例外を除いて，ほぼすべての案件で三審制が採られている。「憲法に関する訴訟に限って」という記述は誤り。

④　×　公訴を提起する権限は検察官のみが持っている。検察審査会は検察官の不起訴処分に対する当否を判断する機関である。

⑤　×　行政裁判所は特別裁判所の一種である。日本では設置が認められていない。

答　②

No.7

事例の最後にもあるように，少額訴訟の事例である。少額訴訟とは，60万円以下の金銭支払いに関する訴訟のことで，原則として1回の審理でその日に判決が出る制度である。これを担当するのは，簡易裁判所である。

答　⑤

No.8

①　×　違憲立法審査は，国会や行政の一切の法律・命令・規則・処分にその効力が及ぶ。

②　×　すべての裁判所に認められている。

③　×　イギリスには違憲立法審査権はない。

⑤　×　最高裁判所の法令違憲判決は計10件ある。

答　④

No.9

2023年9月現在，最高裁判所の法令違憲判決は，(1)尊属殺重罰規定，(2)薬事法距離制限，(3)衆議院議員定数配分規定（2度），(4)共有林分割制限，(5)郵便法賠償責任免除規定，(6)在外邦人選挙権制限，(7)非嫡出子国籍取得制限，(8)非嫡出子法定相続分規定，(9)女性の再婚禁止期間，(10)在外邦人の国民審査権の制限規定の10例，計11件出されている。

答　①

No.10

イの記述について，最高裁判所は紛失・破損以外で障害が生じた書留郵便物について，郵便業務従事者の故意または重大な過失で損害を受けた者に対して，国の損害賠償責任を免除し制限している郵便法の規定は，憲法第17条に違反すると判断した。

よって，ア，ウは正しい。

答　④

No.11

ア，ウとも，最高裁判所は合憲の判断を出した。イは正しい。

衆議院の議員定数については過去に2度違憲判決が出ているが，選挙自体を無効とはしなかった（事情判決）。

答　③

第7章　地方自治

（問題，本文34ページ）

No.1

　Bの事務監査請求，Cの首長の解職請求，Dの条例制定請求は，いずれも地方自治法で定められた住民の直接請求権である。

　議会の解散請求はできるが，開会請求はできないのでAは誤り。またEの公文書開示請求は，各地方自治体で情報公開条例などを制定して対応しているが，地方自治法に基づく直接請求権ではない。なお，情報公開については，1999年に「行政機関の保有する情報の公開に関する法律（情報公開法）」が成立したことにより，国政レベルでも行えるようになった。

答　⑤

No.2

　条例の制定，改廃をイニシアティブといい，有権者の50分の1以上の署名が集まれば請求することができる。

答　①

No.3

① 　×　有権者の50分の1以上の署名が必要で，首長に請求し，その後，議会にかけられ，過半数の賛成で議決。

② 　○　監査の請求には，有権者の50分の1以上の署名が必要で，監査委員に請求する。その後，監査委員による監査が行われ，住民に報告される。

③ 　×　主要公務員の解職請求は，有権者の3分の1以上の署名が必要で，首長に対して請求する。その後，3分の2以上の議員が出席した議会にかけられ，4分の3以上の賛成で議決する。

④ 　×　地方議会の解散請求は，有権者の3分の1以上の署名が必要で，選挙管理委員会に請求する。その後，住民投票が行われ，過半数の賛成で決定される。

⑤ 　×　地方特別法は，特定の地方自治体に適用する法で，国会で制定する。しかし，適用を予定する地方自治体の住民投票で過半数の賛成がなければ制定できない。

答　②

No.4

① 　×　有権者の50分の1以上の署名を集め，首長に請求し，議会で審議，過半数の賛成で議決。

② 　×　有権者の50分の1以上の署名を集め，監査委員に請求し，監査の結果が住民に報告される。

③ 　×　有権者の3分の1以上の署名を集め，首長に請求し，3分の2以上の議員が出席した議会で4分の3以上の賛成で議決。

④ 　○　有権者の3分の1以上の署名を集め，選挙管理委員会に請求，住民投票で過半数の賛成により決定。

⑤ 　×　同じである。④と同様に行われる。

答　④

No.5

① 　×　これは「住民自治」の説明。「団体自治」は，地方公共団体が国から独立して権限を行使すること。

② 　×　有権者の50分の1以上の署名が必要。

③ 　×　監査請求の請求先は監査委員。

⑤ 　×　主要な役職員の解職請求は，首長に行う。

答　④

No.6

① 　×　法律の範囲内で条例を制定することができる（憲法第94条）。

② 　×　イニシアティブは，国政レベルでは認められていない。

③ 　×　監査請求に必要な署名数は，有権者の50分の1以上である。

④ 　×　議会の解散請求はリコールと呼ばれる。

答　⑤

No.7

① × イニシアティブではなくリコールである。

② × レファレンダムではなくイニシアティブ。また地方レベルでは認められているが国政レベルでは認められていない。

③ × リコールに必要な署名数は，原則有権者の3分の1以上。

④ × 地方レベルのレファレンダムには法的拘束力はない。

⑤ ○ 40万人を超えない場合は有権者数の3分の1。超える場合は「超える分の6分の1＋40万の3分の1」以上の署名が必要となる。

答 ⑤

No.8

① × 国民の知る権利を具体的に保障する制度。日本では地方自治体レベルの条例で制度化されていたが2001年4月から国政レベルの情報公開法が施行された。

② × 環境アセスメント（環境影響評価）のこと。1997年，環境アセスメント法が成立し，国レベルで取り組んでいくことになった。それまでは，地方自治体レベルで，条例を定めて行っている場合があるだけだった。

③ ○ 行政監察官制度ともいう。

④ × ノーマライゼーションという。

⑤ × ビッグバンという。1996年に発表された。持株会社解禁（1997年の独占禁止法改正による），外国為替業務の自由化（1997年，改正外為法成立による），銀行・証券・保険の相互参入などが主な内容。

答 ③

No.9

① × 地方議会は一院制である。

② × 地方公共団体の議会にも首長に対する不信任決議があり，首長にも議会に対する解散権が認められている。

③ × 地方公共団体の首長の任期は4年であり，都道府県知事の被選挙権は満30歳以

上だが，市町村長の被選挙権は満25歳以上である。

⑤ × 条例は罰則を設けることもできる。

答 ④

No.10

② × 条例には罰則を設けることができる。

③ × 地方公共団体も定年制が採用されている。

④ × 「法人税」が誤り。法人税は国税の一つである。地方税で企業に課すものとしては「事業税」などがある。

⑤ × 都道府県知事の被選挙権は満30歳以上，市町村長の被選挙権は満25歳以上とされている。

答 ①

No.11

A：地方税
B：地方交付税
C：国庫出資金

地方税，地方交付税，国庫支出金の3つが，地方自治体の主要財源である。地方税は以前，その割合が歳入全体の3割程度だったが，現在は4割程度になっている。地方交付税は，地方間の財政格差を調整するために国が地方に配分するもので，使途は指定されない。逆に，国が地方に使途を指定して交付するのが国庫支出金で，義務教育費や生活保護費の国庫負担金などがこれに当たる。地方債は，公共施設の建設などの経費のために，一会計年度を超えて行う借金のこと。Dにあてはまるのが地方譲与税で，使途を指定されない点は地方交付税と同じだが，国税を一定の基準で配分する点が異なる。

答 ④

No.12

① × 「三位一体の改革」とは地方財政の改革のことであり，

1. 国庫支出金の削減
2. 地方への財源の移譲
3. 地方交付税の見直し

の3つを内容とする。

② ×　地方債とは地方公共団体が発行する公債のことであり，依存財源に分類される。

③ ×　地方交付税交付金は使途が自由な財源である。

④ ×　地方議会は首長に対して不信任決議をすることができる。地方議会は首長に対して不信任決議権を持ち，首長は議会に対して予算の提出権・条例案の拒否権・議会解散権を持っている。

答　⑤

第8章　選挙制度と政党政治

（問題，本文39ページ）

No.1

①②④⑤はすべて民主的選挙の原則である。③の公共選挙は当てはまらない。

答　③

No.2

① ×　平等選挙の説明である。

② ×　普通選挙の説明である。

③ ×　アメリカ大統領選挙は間接選挙である。国民の投票で大統領選挙人が決まり，大統領選挙人の投票で大統領が決まるのである。

④ ○　投票の秘密を守るのである。

⑤ ×　行われている。例えば政見放送の費用などがそれである。

答　④

No.3

② ×　中選挙区制の説明である。

③ ×　得票1位の候補者しか当選しない小選挙区制は，少数党にとっては不利になる。

④ ×　都道府県を1区とする＝小選挙区制とはいえない。

⑤ ×　大選挙区制の説明である。

答　①

No.4

小選挙区制は1つの選挙区から1人を選出する選挙方法で，二大政党制になりやすく，政局は安定しやすいという長所がある。一方で死票が多い，少数政党が当選しにくい，不正投票が行われやすいなどの欠点がある。

答　①

No.5

大選挙区制は1つの選挙区から複数の人間を選出する制度。小選挙区制は1つの選挙区から1人の人間を選出する制度。

大選挙区制は小選挙区制に比べて，少数政党の選出が促されるため，小党分立になりやす

く政局が安定しないという短所がある。

答　③

No.6

① ○　1選挙区の当選人数を3〜5人ぐらいにすることを「中選挙区制」ともよぶが、これは制度上は大選挙区制に区分される。

② ×　比例代表制は小選挙区制に比べて死票が少なくなり、少数者の意見が反映されやすくなるが、その反面、少数政党が分立し政局が不安定になるというデメリットを持つ。

③ ×　チャーチスト運動は19世紀の前半に起こった、労働者による普通選挙を求める運動のことである。女性の参政権獲得は、20世紀に入ってからのこと。

④ ×　参議院議員選挙における比例代表制の導入は1982年のことである。

⑤ ×　選挙権が与えられる年齢に関して、憲法は「両議院の議員及びその選挙人の資格は、法律でこれを定める」（憲法第44条）と規定しており、具体的に選挙資格を定めているのは公職選挙法である。また、選挙権はどちらも満18歳以上である。

答　①

No.7

日本の国政・地方選挙における被選挙権（立候補する権利）は、参議院議員と都道府県知事のみ満30歳以上、それ以外は満25歳以上である。ちなみに、選挙権（投票する権利）は、全ての投票で満18歳以上に認められる。

答　④

No.8

有権者数の全人口比とは、総人口に対する有権者の割合のこと。50%を超えたのは戦後、男女普通選挙が確立してからである。

答　②

No.9

①②⑤ ×　衆議院議員総選挙の記述である。

④ ×　選挙区選挙で選出される数は、各都道府県（ただし、鳥取・島根、徳島・高知は合区）の45の選挙区で、1回の選挙につき1人以上6人以下。

答　③

No.10

A ×　得票数が過半数に達していなくとも最も多い得票を得た候補者が選ばれる（ただし、当選人となるためには有効投票の6分の1以上の得票が必要）。

D ×　参議院の選挙区選挙は、都道府県を単位（合区の県は2県で1単位）として各県2〜8人（3年ごとに半数の1〜4人が改選される）を選出する選挙である。

答　③

No.11

1つ目：立候補届出日前々日に選挙運動用のはがきを投函した。選挙運動は、立候補者の届出が受理されたときから投票日の前日まで。それ以前の選挙運動は「事前運動」として禁じられている。

2つ目：戸別訪問は禁じられている。

3つ目：投票日当日の選挙運動は禁じられている。

以上3つ。

答　③

No.12

① ×　身体不自由などのため、自書できない場合、代理投票が認められる。視覚障害がある場合は、点字投票も認められる。

② ×　選挙運動の期間は、立候補届出日から投票日前日までとし、事前運動（立候補届出前に行われる選挙運動）、投票日の運動は禁止。

③ ×　戸別訪問は禁止。ポスター・ビラの枚数、候補者が選挙区内で冠婚葬祭への寄附を行うことは制限されている。

④ ○　1994年の改正で連座制が強化されたのである。

⑤ ×　国・地方自治体は、最低限の選挙運

動の機会を保障するために，立候補者の供託金（立候補の際，国・地方公共団体に預けなければならない金銭のこと）を原資に，候補者の選挙運動費用の一部を平等に負担する。つまり，公費で費用の一部が賄われている。

答　④

No.13

① × 政党は，制限選挙が行われていたときからある。

② × 二大政党制は，政局が安定しやすい。

③ × 下部組織の組織力が強力とはいえず，選挙の際は，議員個人の後援会組織に頼ることが多い。

⑤ × 公職選挙法が改正され，配布できるようになった。

答　④

第9章　国際政治

（問題，本文44ページ）

No.1

国連貿易開発会議の英略称は UNCTAD。UNICEF は国連児童基金の英略称である。

答　④

No.2

① × 国際連合の主要機関のひとつ。非政治分野の問題について取り組む。世界保健機関（WHO）や，国際労働機関（ILO）などのいわゆる専門機関は，この①に属する。

② × 発展途上国の開発促進のための技術援助を行う。

③ × 発展途上国に対し，ゆるやかな返済条件で融資を行う機関。

④ ○ 1994年にパラオが独立したので任務を完了した。組織は存続している。

⑤ × アジア・アフリカ諸国による史上初の会議（1955年）。民族自決主義（自民族のことは自民族で決定するということ）や反植民地主義を主張した。

答　④

No.3

① ○ ILO（国際労働機関）の目的

② × FAO（国連食糧農業機関）の目的

③ × IBRD（国際復興開発銀行）の目的

④ × WTO（世界貿易機関）の目的

⑤ × UNESCO（国連教育科学文化機関）の目的

答　①

No.4

① × UNESCO（国連教育科学文化機関）の説明

② × UNCTAD（国連貿易開発会議）の説明

③ ○ UNICEF（国連児童基金）の説明

④ × IAEA（国際原子力機関）の説明

⑤ × IMF（国際通貨基金）の説明

No.5

① ×　国連貿易開発会議である。

② ×　国連大学である。

③ ×　世界貿易機関である。

④ ×　国際原子力機関である。

⑤ ○　北大西洋条約機構である。

以上の略称

答　⑤

No.6

① ×　手続き事項は9理事国，その他の事項は5常任理事国を含めた9理事国の賛成で決定される。

② ×　非常任理事国は10カ国である。

③ ×　日本は常任理事国ではない。

④ ×　非常任理事国の任期は2年である。

答　⑤

No.7

PKOは，国連憲章に規定されているわけではない。

答　⑤

No.8

① ×　国際連盟には経済的制裁のみ認められていただけであり，逆に国際連合の安全保障理事会には，軍事的制裁（国連軍の派遣）が認められている。

③ ×　国連総会は，各国が人口に応じた票数を持っているのではなく，1国1票制を採用している。

④ ×　安全保障理事会の常任理事国は，現在は5カ国である。

⑤ ×　国連はこれらの問題にも取り組んでいる。

答　②

No.9

「平和のための結集」決議は，朝鮮戦争の際に採択された。これによって，安全保障理事会が，常任理事国の拒否権行使で紛争解決のための決定が行えなくなった場合，緊急特別総会で紛争解決のための何らかの勧告を行えるようになった。しかし，あくまで「勧告」が限度であり「決定」を行う権限はない。紛争解決のための何らかの「決定」を行う権限は，あくまで安全保障理事会が持つ。

答　④

No.10

② ×　ASEANは東南アジア諸国連合のこと。インドや中国は含まれていない。

③ ×　OAPECが結成されたのが1968年。OPECは1960年。OAPECが改組されてOPECになったのなら成立年がおかしいし，両方とも現在存続しているので，改組されたわけでもない。

④ ×　CISにはバルト3国は参加していない。

⑤ ×　通貨統合は開始されたが，イギリス，デンマーク，スウェーデンはこの通貨統合に参加していない。

答　①

No.11

A ×　ASEANの目的は，地域内の経済成長や発展の促進で，EUのような政治的統合ではない。また，地域的国際裁判所の設立などは決まっていない。

したがって，BとCが正しい。

答　④

No.12

① ×　「南南問題」とは産油国や新興工業諸国と後発開発途上国（LDC）の経済格差の問題。

答　①

No.13

① ×　一連の改革を推進したのは，フルシチョフではなくゴルバチョフ。

③ ×　マルタ会談を行ったのは，レーガンではなくブッシュ。

④ ×　多国籍軍は国連憲章の規定ではな

い。また，指揮したのはアメリカ軍。

⑤　×　独立国家共同体は，旧ソ連を構成していた15共和国のうち，バルト3国（エストニア・ラトビア・リトアニア）を除く12カ国によって結成された国家連合。

答　②

No.14

B　×　部分的核実験禁止条約（PTBT）は正式には「大気圏内，宇宙空間および水中における核兵器実験を禁止する条約」といい，地下実験を除く核兵器の実験を禁止するものである。これには中国とフランスが不参加だった。

C　×　核不拡散条約（NPT）には，インド・パキスタン・イスラエルなどの国が未加盟である。インド・パキスタンは1998年に核実験を行い核保有を明らかにしており，イスラエルについても核の保有が確実視されている。

D　×　包括的核実験禁止条約（CTBT）の発効には，五大国のほかインドやパキスタン，イスラエル，北朝鮮なども含む44カ国の批准が必要であるが，現在のところ，アメリカ・中国・インド・パキスタン・イスラエル・北朝鮮などが批准しておらずCTBTは未発効である。

したがって，Aが正しい。

答　①

No.15

①　×　戦後日本の外交三原則は，国際連合中心主義・自由主義諸国との協力・アジアの一員としての立場の堅持（1957年「外交青書」）である。

②　×　全ての連合国と講和条約を結んだわけではない。社会主義の連合国とは講和条約を結んでいないので片面講和と言われた。社会主義の連合国とはその後，個別に条約などを結んで国交を回復させていった。

③　×　平和条約は締結されていない。現在，ロシアとの間で平和条約を締結する準備が

進められている。

④　○　台湾とは政治レベルでの交流はないが，経済や文化レベルでの交流は活発である。

⑤　×　個人レベルでの賠償は行われていない。これは韓国だけでなく，他の連合国に対してもそうである。

答　④

第２編　経済

(問題，本文 52 ページ)

No.1

リカードは土地・労働力・資本を生産の三要素とした。

労働手段とは，道具・機械・土地のこと。労働対象は，原料のことであり，マルクスは生産の三要素を，労働力・労働手段・労働対象とした。

答　①

No.2

16 ～ 18 世紀：重商主義＝貨幣（金銀）を唯一の富とみなし，その富は輸出入の差額によって蓄積されるとする。保護貿易政策が採られた。

↓

18 世紀後半：重農主義＝重商主義の保護政策に反対し経済活動の自由主義を唱え，重商政策によって疲弊した農業の重要性と救済を訴えた。

↓

18 世紀後半 ～ 19 世紀：自由放任主義＝国家は企業の経済活動に介入せず，経済は市場における自由競争にゆだねるべきだとする考え方。

答　①

No.3

① 　× 　トマス＝マンは重商主義。著作名は正しい。重農主義はケネーである。

② 　× 　『国富論』は古典派のアダム＝スミスの著作。メンガーは限界効用学派で『国民経済学原理』を著した。商品に対する満足度（効用）が商品価値を決めるというのが，限界効用学派の考えである。

③ 　× 　マルサスは『人口論』を著した古典

派である。『経済表』はケネーの著作。

④ 　× 　ケインズは『雇用・利子及び貨幣の一般理論』を著した近代経済学の学者。「経済学および課税の原理」は古典派のリカードの著作。

答　⑤

No.4

① 　× 　レッセ＝フェールとも言う。アダム＝スミスが強く主張した。経済活動に政府が介入すべきではないという考え方。

② 　× 　アダム＝スミスの代表的著作。

③ 　× 　①を参照。

④ 　○ 　価格の動きで需要と供給が自動的に調節されるということ。自由な経済活動の下ではこの機能が働くと考えられた。

⑤ 　× 　上昇した価格は下がりにくくなるということ。寡占市場で管理価格が設定されたときなどに見られる。

答　④

No.5

①②④⑤は「不変資本」である。「可変資本」とは，商品という新しい価値を生み出す源泉となる資本である。マルクスは，商品の価値は労働者の労働によって決まるという「労働価値説」を支持していたのでこのように考えたのであろう。「労働価値説」を最初に唱えたのはアダム＝スミスである。ただし，マルクスは社会主義，アダム＝スミスは自由放任の資本主義を主張している。

答　③

No.6

(A) 　リカード。19 世紀イギリスの古典派経済学者である。主著は『経済学及び課税の原理』。比較生産費説とは，「各国がより生産費のかからない商品を生産し，その商品を交換し合うことが，双方の国にとって最

も利益が上がる」とする考え方で，国際分業の利益を説明する理論のことである。

(B)　マルサス。19世紀イギリスの経済学者で主著は『人口論』。リカードの考え方に反対し，地主階級の意見を代弁し農業の保護を主張した。

(C)　リスト。19世紀ドイツの経済学者。国民生産力の理論，経済発展段階説，経済学の国民性を主張し，後進国であるドイツにおける保護貿易政策を正当化した。

答　④

No.7

⑤のようにA国がB国に対して，ある物を輸出した場合は，その物がA国の有効需要となるが，輸入の場合は，有効需要とはならない。

答　⑤

No.8

3つの経済主体とは政府，家計，企業のこと。

答　③

No.9

家計，企業，政府は国民経済を形成する3つの経済主体である。

Bは，Cに対して労働力・資本・土地を提供し，賃金・利子・地代を受け取り，Aに対しては租税を納めて，公共サービスを受けるから「家計」であり，Cは「企業」，Aは「政府」である。

DとEはどちらかが中央銀行である。中央銀行は「政府の銀行」として国庫金の出納を行い，市中銀行に対しては「銀行の銀行」として預金の受入れや貸付けを行うから，Dが「中央銀行」，Eが「市中銀行」である。

答　①

No.10

公私合同（混合）企業とは，政府と民間との共同出資による「半官半民企業」のこと。

答　⑤

No.11

株式会社の出資者とは，株主のこと。株主は会社が負債を負って倒産してもその負債に責任を負わない有限責任である。また，2006年に施行された「会社法」によって最低資本金規制は撤廃された。

答　③

No.12

株主総会の議決権は，1株主1票ではなく，1株1票制である。

答　①

No.13

①　○　ホールディングカンパニーともいう。複数の企業の株式を保有して，グループ全体の経営戦略の立案を行う。正しい。

②　×　開発や生産などに最も適した地区を選んで複数の国に子会社や系列企業をおき，利潤を最大にするように世界規模で活動する企業のこと。

③　×　コングロマリットともいう。自己の業種とは関連のない様々な企業を買収・合併し，複数の業種にまたがって多角的経営を行う企業のこと。

④　×　企業連合ともいう。同一産業の複数企業が，高い利潤の確保のために，価格や生産量などについて協定を結ぶこと。

⑤　×　企業の合併・買収のこと。

答　①

No.14

②　×　多国籍企業（MNC）

③　×　M&A

④　×　CEO

⑤　×　コンツェルン

答　①

No.15

A：「市場を仲立ちとして生産や分配が行われている経済」とあるから，市場経済が該当する。貨幣経済とは，交換の媒体である貨幣を中心に営まれている経済をいう。

BとC：需要か供給かのどちらかが入る。市場では需要（買い手，消費者）と供給（売り手，生産者）とが価格を通じて財やサービスの取引をする。商品の価格は需要量が供給量を上回っていれば上昇するので，Bが需要，Cが供給となる。

D：価格は，自動調節機能を持つ。自由競争下におけるこうした価格の機能に基づく仕組みを市場機構（市場メカニズム）といい，これをアダム＝スミスは神の「見えざる手」と呼んだ。自動安定化装置は，ビルト＝イン＝スタビライザーともいう。好況期には景気過熱を抑制し，不況期には景気を刺激する方向に自動的に働くように，あらかじめ制度的に組み込まれた景気調整手段である（例：所得税の累進課税制度，雇用保険制度）。

答　④

No.16

①② ×　需要量が供給量よりも多くなった場合には，商品の品不足が生じるので，価格は上昇する。逆に供給量が需要量よりも多くなった場合には，商品の売れ残りが生じるので，価格は下落する。

③ ×　需要量は価格が下がれば下がるほど増加し，価格が上がれば上がるほど減少するので，それを表す需要曲線のグラフは「右下がり」となる。

④ ○　ぜいたく品は生活必需品に比べて，価格の変動による需要量の変化が大きい。したがって，需要曲線の傾きは緩やかになる。

⑤ ×　工業製品は農作物に比べて，価格の変動による供給量の変化が大きい。したがって，供給曲線の傾きは緩やかになる。

答　④

No.17

① ×　超過需要が生じると価格は上昇し，超過供給が生じると価格は下落する。

② ×　需要曲線は生活必需品の方が傾きが急である。

④ ×　価格の下方硬直性とは，供給が増加しているにもかかわらず価格が下落しにくくなることをいう。寡占市場などで見られる。

⑤ ×　生活必需品は生活に必要なものであるため，価格が変動しても需要があまり変化しない。したがって弾力性は小さい。

答　③

No.18

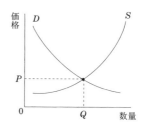

ア：需要　イ：供給　ウ：均衡

縦に価格，横に数量をとると，図のような曲線になる。

価格が下がると需要は増えるので，右下がりになるのが需要曲線（グラフのD）。逆になるのが供給曲線（グラフのS）である。

このグラフが交わる交点が，均衡価格（グラフのP）となる。

答　③

No.19

A：増える　B：右上がり　C：増える　D：右下がり

需給曲線の問題。縦軸に価格，横軸に数量をとると，需要曲線は右下がり（グラフ中Dの曲線）になり，供給曲線は右上がり（グラフ中Sの曲線）になる。またその交点の価格（グラフ中P）が均衡価格となる。

答　⑤

No.20

価格以外の要因が変化したことによって需要曲線や供給曲線が移動することを「需給曲線のシフト」という。

① ×　アからイの変化は需要曲線の右シフトで，需要量の増大を示す。需要が増大し

た場合，価格は上昇する。

②　×　このグラフでは，供給曲線（ウ）は変化していない。

③　×　生産コストの変化は，供給曲線のシフトの原因となる。生産コストの増大は供給曲線を左にシフトさせ，減少は供給曲線を右にシフトさせる。

④　○　所得が増大すると需要量は増大し，需要曲線は右にシフトする。反対に所得が減少すると，需要曲線は左にシフトする。

⑤　×　増税により所得が減少するので，需要量は減少することになる。このとき需要曲線は左にシフトする。

答　④

No.21

A　×　アは需要曲線，イが供給曲線である。価格が上昇すればするほど需要は減少し，価格が下落すれば需要が増大するので，需要曲線は右下がりになる。一方，価格が上昇すれば供給は増大し，価格が下落すれば供給は減少するので，供給曲線は右上がりとなる。2つの曲線の交点が示す価格を均衡価格または市場価格という。

B　×　価格は下落する。価格がP_3のとき，数量としては（$Q_5 - Q_1$）の分だけ売れ残りが生じる。これは需要に比べて供給が過剰であるためであり，このとき商品の価格は下落する。

C　○　価格がP_1のとき，需要が供給を上回っているので（$Q_4 - Q_2$）の分だけ品不足が生じる。このとき商品の価格は上昇する。

答　⑤

No.22

完全競争市場とは，売り手と買い手がともに多数存在していて，その誰もが価格決定に影響力を持たず，それぞれが市場で決まった価格に従って行動する市場のこと。

答　③

No.23

①　×　生産価格のこと
②　×　均衡価格のこと
④　×　統制価格のこと
⑤　×　市場価格のこと

答　③

No.24

カルテルの目的は競争の排除。
トラストは市場独占を目的とする。
コンツェルンは産業の支配を目的とする。
A：カルテル
B：コンツェルン

答　④

No.25

(A)　は「寡占市場」。寡占市場とは少数の企業によって支配されている市場のことである。寡占市場では需要と供給の関係のみによって価格が決定されるのではなく，価格支配力を持ったプライス＝リーダーによって価格が決定される。

(B)　「資源配分の効率性」。寡占市場では需要と供給との関係によって価格が決定されるという市場メカニズムがうまく働かないため，資源配分が非効率的になる。価格の下方硬直性とは価格が下がりにくくなることを指し，寡占市場においてはこの傾向が強い。

(C)　「市場の失敗」。市場の調節機能がうまく働かないことをいう。本文のような場合のほかに，環境汚染などの外部不経済や公共財の供給なども市場の失敗に当たる。

(D)　「独占禁止法」。価格の下方硬直性などの独占・寡占の弊害から消費者を保護するために独占禁止法が制定され，その目的を実現するために公正取引委員会が設置されている。

答　③

No.26

収穫逓減の法則とは，農業生産に関する法則である。

— 23 —

労働力，生産財を投下する際，ある限度まで収穫量は増加するが，限度を超えると次第に減少する。

答　①

No.27

⑤　×　価格の下方硬直性は，寡占市場などの管理価格のもとでは，需要が減少しても価格が高いままに維持され，下がりにくくなること。

答　⑤

第2章　景気と金融政策

（問題，本文65ページ）

No.1

スタフグレーションとは，不況とインフレが同時に存在することである。

答　④

No.2

①　×　通貨価値が下落するので，土地で保有した方が有利になる。

②　×　名目賃金は上昇するが，実質賃金が上昇するとは限らない。

③　×　物価上昇によって生活は苦しくなる。

④　×　通貨の対外価値は下落する。

答　⑤

No.3

①　○　需要が供給を上回ってインフレーション（物価高）になるのだから，供給（生産）を増やすことで物価を安定させるべきである。

②　×　消費を抑制するということは，需要を減らすことである。そうすると，供給とのバランスが保てるようになり物価が安定する。

③　×　企業が雇用を増やすことである。そうすると，生産が増えることになり，需要と供給のバランスが保てるようになる。

④　×　①の解説を参照。

⑤　×　もし，公債を発行すると，それだけ財政支出が増え，通貨の供給が増えることになり，ますます消費（需要）が大きくなりすぎて物価がさらに高くなる。インフレのときには公債の発行はすべきではない。
需要＞供給＝インフレ（物価高，景気過熱）。
需要＜供給＝デフレ（物価下落，不況）となることをよく覚えておくこと。

答　①

No.4

不況の時は収入が減るため，多くの人が買い

物を控える（需要が減る）。そのため企業側は商品の価格を引き下げて売りさばこうとするが，企業利益は上がらないので，労働者の収入が減る。するとさらに需要が減るという悪循環になる（デフレスパイラルという）。この状況を断ち切るため，中央銀行は低金利政策を実施し，市中銀行に対して低金利の融資を行う。そうすると市中銀行の金利も下がるので，お金が借りやすくなる。これによって，買い物を活発に行わせ（需要を増やす），価格の引き下げに歯止めをかけて，企業の利益を確保する。一方企業側は，利益の上昇と低金利によって設備投資を活発化させる。人手も必要となるため，失業者の再雇用などが進み，全体的に国民の所得も増大して，不況が克服できる，というわけである。

答　②

No.5

② 　×　日本銀行は一般企業や個人と取引を行わない。

③ 　×　景気過熱＝好況期は，貸し出しを減らす意図から，政策金利は引き上げられる。

④ 　×　景気停滞＝不況期は，通貨を流出させる意図から，買いオペレーションが行われる。

⑤ 　×　不況期は，貸し出しを増加させる意図から，預金準備率は引き下げられる。

答　①

No.6

ア：公開市場操作　イ：売却　ウ：買上げ
公開市場操作（オープンマーケットオペレーション）の説明である。

答　②

No.7

ア，イ　景気が過熱気味＝インフレ気味の時は，高金利政策を採り，売りオペレーションを行う。

ウ，エ　景気が停滞＝デフレ傾向にある時，預金準備率を引き下げる。

答　⑤

No.8

デフレーションが進行しているということは不況期。金融政策は政策金利の引き下げ，預金準備率の引き下げ，買いオペレーションを行い，市中に通貨を供給する。

答　③

No.9

① 　×　日本銀行の運営は，日銀が独自に行うものであり，財務大臣は関与しない。

② 　×　補助貨幣，いわゆる硬貨は，政府が発行する。

④ 　×　預金の受け入れも行う。

⑤ 　×　公債の発行を決定するのは国。

答　③

No.10

② 　×　金融市場で資金があふれているときには，公債などを市場で売ること（売りオペレーション）によって金融引締めを図る。

③ 　×　預金準備率が下げられると，市中銀行の貸し出しが増えるため，金融緩和となる。

④ 　×　公共投資や租税による景気調整は政府の役割であり，日本銀行では行えない。

⑤ 　×　金融政策は，財政政策に比べて政策実施までの時間的な遅れは少ない。

答　①

No.11

A　○　日本銀行の機能。公開市場操作の説明。

B　×　公債を発行するのは，国または地方公共団体である。

C　○　日本銀行の機能。

D　×　金融庁の機能である。金融庁は2000年に金融監督庁と大蔵省の金融企画局を統合することにより発足した。金融機関の検査・監督および国内金融制度の企画・立案を行う。

したがって，AとCが正しい。

答　②

No.12

A：引き下げ	G：買う
B：引き上げ	H：市場に供給
C：上げ	I：緩和
D：売る	J：引き上げる
E：市場から吸収	K：多くなり
F：引締め	L：少なく

答　②

（問題，本文 70 ページ）

No.1

景気の自動安定化装置についての問である。

答　④

No.2

ア：フィスカル＝ポリシー

イ：スペンティング＝ポリシー

ウ：ポリシー＝ミックス

フィスカル＝ポリシーは，補整的財政政策とも言う。財政政策は政府が行うが，金融政策は中央銀行が行う。金融政策には，金利政策（政策金利政策），公開市場操作，預金準備率操作がある。

答　③

No.3

不況の時こそ，公共事業費を増大させ景気回復策をとる。①②④の策は景気が加熱気味の時に行うものである。⑤はインフレーションをまねき景気の回復にならない。

答　③

No.4

ア：所得の再配分機能

イ：累進課税

　比例税とは，消費税のように課税対象の金額や数量にかかわらず，一定の税率を適用する税のこと。税の水平的公平の機能は果たすが，所得の再分配の効果はない。

ウ：資源配分調整

エ：ビルト＝イン＝スタビライザー

　フィスカル＝ポリシーとは，補整的財政政策のこと。

答　⑤

No.5

財産とは，個人や団体などが持っている経済的な価値があるものをいう。所得税,法人税,住民税は,その時の所得や収入に関連するが,財産とは直接的な関係はない。消費税は，所

得，財産ともに関係なく，一定の税率が適用される。財産に関連し，かつ累進課税制度によって格差縮小に直接的な効果を持つのは相続税。

答　③

No.6

① × ゴルフ場利用税は地方税の間接税，地価税は国税の直接税，石油ガス税は国税の間接税。

② ○ 正しい。

③ × 揮発油税は国税の間接税。

④ × 固定資産税は地方税の直接税，地方道路税は国税の間接税，たばこ税は国税の間接税にもあるが，地方税の間接税にもある。

⑤ × 関税は国税の間接税。

答　②

No.7

「所得税や固定資産税」は直接税である。したがって，アは「直接」。「消費税やたばこ税」は間接税である。したがってイは「間接」。ウとエは，逆進か累進のどちらかである。所得税は累進課税方式を採用しているから，エは「累進」，ウが「逆進」である。消費税は，所得の多い少ないにかかわらず，商品を購入するときに徴税されるため，低所得者には相対的に税負担が重くなる。これを逆進性という。オは「水平的公平」である。

答　①

No.8

② × 酒税は間接税，法人税は直接税である。

③ × 低所得者ほど負担割合が大きくなるというのは，「累進性」ではなく，「逆進性」のことである。

④ × 一般的に，所得の捕捉率はサラリーマンが最も高く，次いで自営業→農業の順といわれている。

⑤ × 日本の税制は直接税中心であり，直接税と間接税の税収の比率（直間比率）は

直接税の比重が大きい。

答　①

No.9

① × 地方自治体が発行する債券。地方自治法，地方財政法に基づく。

② × 財政法第4条に基づいて発行。公共事業費，出資金，貸付金の財源に用いる場合のみ発行が認められる。

③ × 会社が発行する「社債」の一種。

④ ○ 財政法上，赤字国債の発行は認められていないが，実際にはいわゆる公債発行特例法を制定し，赤字公債が発行されている。

⑤ × 特別の法律によって設立された公団や公庫などの政府関連機関や特殊法人が，それぞれの特別法に基づいて発行する債券。

答　④

No.10

① × 公債を発行し，国や地方自治体が借り入れを行って，それを支出するのだから，需要の拡大につながり，不況対策になる。

② × 公債を発行して国や地方自治体が借りたお金は当然返済するのだから，多くの公債を発行すれば，それだけ借金の返済に追われることになるわけで，財政を圧迫することになる。

③ ○ 公債発行で借り入れを行い，財政支出を増やして需要を増やすのだから，その需要を満たすだけの生産が行われなければ，需要＞供給となりインフレーションになる。

④ × 市中消化するというのは，民間の金融機関に公債を引き受けさせ（買わせ），さらに民間金融機関から国民へ売ることにより，現在流通しているお金の中から借り入れるということである。これが原則である。もし，日本銀行（中央銀行）が引き受けてしまうと，日本銀行は，新たにお金を増発して貸し付けるので，お金が必要以上に流通してインフレーションになる恐れが

ある。

⑤　×　クラウディングアウト（押しのけ効
果）という。公債を大量に発行し，民間か
ら多額の借り入れをしたら，民間の資金が
不足してしまい，その結果，民間投資（設
備の購入など）が不活発になる恐れがある。

答　③

No.11

③のような閣議決定はなされていない。事実，
令和５年度予算案で見ると，一般会計歳出総
額に対する防衛関係費の割合は，およそ９％
である。

答　③

No.12

A：貿易の自由化によって政府の干渉を排除
し，自由競争を促進する。

B：所得額によって税率が上下する累進課税
制度は，所得の再分配機能がある。

C：道路や橋などの生活関連社会資本は，民
間部門に任せておくと十分に整備されない
可能性があり，それを整備することで資源
配分の適正化が図られる。

D：公共投資政策によって有効需要を創出
し，失業者を吸収することによって完全雇
用を実現する。

答　①

No.13

②　× 　新貨条例によって採用されたのは金
本位制度。ただし，実際は金不足から銀が
採用された。

③　× 　日本の金本位制度が終幕を迎えたの
は，1931年に金兌換が停止されたことに
よる。

④　× 　預金準備率を操作するのは中央銀
行。

⑤　× 　日本が完全に管理通貨制度に移行し
たのは，1942年の日本銀行法の制定によ
る。

答　①

No.14

①　× 　管理通貨制度で発行されるのは不換
紙幣のみ。

②　× 　補助貨幣とは，硬貨（100円など）
のかつての呼び名。

③　× 　金本位制度は，中央銀行の通貨保有
量に従って通貨供給量が決まる。産出量や
埋蔵量は関係ない。

④　× 　金本位制度は，1930年代（世界恐
慌後）に見られなくなった。

答　⑤

No.15

①　× 　貨幣の本源的機能は，価値尺度・交
換（流通）手段としての機能である。

②　× 　日本銀行が発行するのは現金通貨の
うち紙幣のみであり，硬貨については政府
が発行する。

④　× 　管理通貨制度のもとで中央銀行が発
行するのは，兌換紙幣ではなく不換紙幣で
ある。

⑤　× 　通貨の増発によって通貨価値が下落
し，インフレーションを引き起こす危険性
がある。

答　③

No.16

マネー＝ストック（マネー＝サプライ）とは
通貨残高（通貨供給量）である。金融政策を
行う際の目安となる。

$$\left.\begin{matrix} M_2 \\ \cdot \\ M_3 \end{matrix}\right\} \left.\begin{matrix} M_1 \end{matrix}\right\{ \begin{matrix} \text{現金通貨：日本銀行券・補助貨幣} \\ \text{（硬貨）} \\ \text{預金通貨：要求払い預金} \\ \text{（普通・当座・通知預金）} \end{matrix}$$
準通貨：定期性預金
CD：譲渡性預金

M_1，M_3が国内の全預金取扱機関を対象にし
ているのに対し，M_2は国内銀行（ゆうちょ
銀行除く），外国銀行在日支店，信用金庫，
信金中央金庫，農林中央金庫，商工組合中央
金庫の各機関を対象としている。

答　④

第4章　国民所得と景気変動

（問題，本文 76 ページ）

No.1

「国内総生産＝GDP」を選べばよい。

他は，

① ×　これは国民総生産

③ ×　これは国民純生産

④ ×　これは生産国民所得

⑤ ×　これは支出国民所得

答　②

No.2

GDP（国内総生産）は，GNP（国民総生産）に代わる正式統計となった（1993 年）。GNP は，1 年間のその国の国民の生み出した価値の合計で，GDP は，1 年間にその国の国土の中で生み出された価値の合計である。近年，世界的に国外で働く人が増えており，そのため GNP では，その国土がどれだけの価値を生み出したかが正確に表しにくくなっている。なぜなら，国外で働く自国民が国外で働いて生み出した価値までも，自国の国土で生み出したものとしてしまうからである。そこで，GDP が新たな正式統計となった。

答　⑤

No.3

NI とは国民所得であり，国民純生産から間接税を引き，補助金が加われば公式ができあがる。

国民純生産＝国民総生産（GNP）－減価償却費なので③が正しい。

答　③

No.4

① ○　国民純福祉という。その国の福祉水準を表す。

② ×　国民所得。1 年間にその国で新たに生み出された価値（付加価値）の合計。

③ ×　国民純生産。GNP －減価償却費（生産設備を使用した減耗分を金銭換算したもの）で表す。

④ ×　生産国民所得。国民所得を生産面でとらえたもの。つまり，一次産業，二次産業，三次産業別にどれだけの付加価値を生み出したかを表す。

⑤ ×　分配国民所得。国民所得を分配面でとらえたもの。つまり，付加価値が労働者の所得として，または，企業の所得としてあるいは，株主・地主・資金の貸し手の所得として，それぞれどれだけ分配されたかを表す。

答　①

No.5

対前年増加率と同様に考える。

答　①

No.6

実質経済成長率を求める公式は

$$\frac{\text{今年の実質 GDP} - \text{昨年の実質 GDP}}{\text{昨年の実質 GDP}} \times 100 \,(\%)$$

である。$(540 - 360) \div 360 \times 100 = 50\,(\%)$ したがって，③が正しい。

答　③

No.7

実質経済成長率

$$= \frac{\text{今年度の実質 GDP} - \text{前年度の実質 GDP}}{\text{前年度実質 GDP}} \times 100$$

で計算する。

また実質 GDP は $\dfrac{\text{名目 GDP}}{\text{物価指数} \div 100}$

で求められる。

よって

今年度実質 GDP $= \dfrac{884}{1.3} = 680$

実質経済成長率 $= \dfrac{680 - 660}{660} \times 100$

$$\fallingdotseq 3.03 \,(\%)$$

したがって，②が正しい。

答　②

No.8

与えられている項目から国民所得を算出する計算式は，以下の通り。

国民所得＝GDP＋海外からの純所得－減価償却費－間接税＋補助金＝250＋27－41－15＋6＝227

答　②

No.9

① ×　GDPは国内で生産された財やサービスを合計したもの。国民に限定した指標はGNP（国民総生産）。

② ×　実質経済成長率は，名目経済成長率から物価変動分を修正して算出する。為替相場の変動分ではない。

③ ×　GDPを3つの側面でとらえることはない。3つの側面でとらえることができ，その値が一致するのは国民所得。

④ ×　医療や介護も，有償ならばGDPに加えられる。

答　⑤

No.10

① ○　なお，消費者物価指数の算出は，代表的な商品を選び，その価格が基準とされる年の価格に比べてどのくらい変化したかを調べることで算出される。

② ×　完全失業率とは，15歳以上の人口から，学生，専業主婦，高齢者などの非労働力人口を除いた人口のうち，働く意思はあるものの仕事のない人たちの割合のことである。また，2022年の完全失業率は年平均2.6％である。

③ ×　国民所得（NI）とは，国民純生産（NNP）から間接税を差し引き，政府の補助金を加えたもの。NNPは，国民総生産（GNP）から減価償却費を差し引いたものである。

④ ×　公開市場操作とは，日本銀行が行う景気対策の1つで，金融市場（公開市場）において市中銀行との間で有価証券を売買し，通貨供給量を調整する政策のことである。

⑤ コスト＝プッシュ＝インフレーションとは，賃金や原材料などの生産コストの上昇率が生産量の増加率を上回ることによって起こる物価上昇のこと。この選択肢は「ディマンド・プル・インフレーション」についての説明である。

答　①

No.11

① ×　景気変動とは，好況→後退→不況→回復という流れである。コンドラチェフの波は，技術革新を要因として，50〜60年でその流れが循環するとした。

② ○　ジュグラーの波は景気変動は10年で循環するとした。

③ ×　キチンの波は，景気変動の要因を在庫投資の増減とし，3〜4年で景気変動が循環するとした。

④ ×　クズネッツの波は，景気変動の要因を建築物の建て替えとし，20年で景気変動が循環するとした。

⑤ ×　存在しない。

答　②

No.12

正しい組み合わせは，以下の通り。

コンドラチェフの波（長期波動）―50年
クズネッツの波―20年
ジュグラーの波（中期波動）―10年
キチンの波（短期波動）―40カ月
したがって，④が正しい。

答　④

No.13

問題文は50年周期の長期波動（コンドラチェフの波）を説明している。クズネッツの波は20年，ジュグラーの波は10年，キチンの波は40カ月の波動である。クーリングオフの波というのは存在しない。

答　⑤

No.14

② ×　景気の回復期には物価は上昇する。

③　×　キチンの波とは在庫投資を原因とする景気循環のことであり，その周期は40カ月程度である。設備投資を原因とする周期が10年程度の景気循環はジュグラーの波。

④　×　コンドラチェフの波とは技術革新を原因とする景気循環のことであり，その周期は50年程度である。20年程度の周期の景気循環は，住宅や商業店舗などの建て替えなどの建設投資を原因とするクズネッツの波のこと。

⑤　×　経済成長率は

$$\frac{今年度\,GDP\,-前年度\,GDP}{前年度\,GDP}\times 100$$

で求められる。
したがってこの場合の経済成長率は，
$(100 - 90) \div 90 \times 100 \fallingdotseq 11.1（\%）$となる。

答　①

（問題，本文81ページ）

第5章　国際経済

No.1

(A)は経常収支，(B)は第一次所得収支，(C)は金融収支が入る。

答　①

No.2

①　×　国際収支は，経常収支に資本移転等収支と金融収支を加えたものである。
②　×　経常収支は，貿易サービス収支に第一次所得収支と第二次所得収支を加えたものである。
③　×　外貨準備は金融収支に含まれる。
⑤　×　資本移転等収支は，以前のその他資本収支に当たるもの。

答　④

No.3

経常収支には第一次所得収支（A），第二次所得収支（C），貿易・サービス収支（B）が含まれる。

答　②

No.4

第二次所得収支とは対価を伴わない資金の収支のことで，
①の他，食糧や医薬品など消費財にかかる無償資金援助や労働者送金によって構成されている。
②　金融収支
③　資本移転等収支
④　サービス収支
⑤　貿易収支

答　①

No.5

A　×　第二次所得収支は，食糧・医薬品の無償援助・国連分担金などからなる。海外投資に伴う利子・配当金の受払いを示す投資利益などからなるのは，第一次所得収支である。

B ○ 資本移転等収支は，対価の受領を伴わない国定資産の提供や債務免除からなる。

C ○ 海外投資を行えば金融収支は赤字となる。国際収支は外貨を受け取れば黒字となり，支払えば赤字となる。

答 ④

No.6

経常収支＝貿易・サービス収支＋第一次所得収支＋第二次所得収支

誤差脱漏を除いた国際収支＝経常収支＋資本移転等収支＋金融収支

第二次所得収支 = 20.3 － (8.2 + 10.5 － 0.8 － 7.9) = 10.3

答 ②

No.7

A：円高　B：不利　C：有利

1ドルが200円から100円になることを円高（ドル安）という。貿易の決済はドルで行うことを考えると，1個1ドルの商品を輸出した時は，売値が200円から100円になるため，不利になる。逆に1個1ドルの商品を輸入した際，円での買値は200円から100円になる。したがって輸入には有利に働く。

答 ①

No.8

①② × 円安になると輸出に有利，円高になると輸入に有利に働く。したがって，円安では輸入減，円高では輸出減になる。

③ × 1ドル100円から120円になるのは円安。

④ × 日本の国際収支の赤字が続くと，為替相場は円安になる。

答 ⑤

No.9

日本の輸出が増えると，日本に外貨（ドル）が流入し，その外貨を日本で円に替えようとする動きが強まる。すなわち（A　円買い）である。その結果，円に対する（B　需要）

が高まり，（C　円高）となる。　答 ④

No.10

プラザ合意前の円相場はだいたい1ドル＝250円前後。

一番円高が進んだときの円相場は1ドル＝75円台。

答 ②

No.11

① ○ 日本の金利が外国よりも高い場合，ドルを円に交換して日本で運用した方がよい。したがって円の需要が高まり円買いドル売りが進むため，円高・ドル安となる。

② × 為替レートは，外国為替市場における円やドルの需給関係によって決まる。円の需要・ドルの供給が増加すれば円高・ドル安に，円の供給・ドルの需要が増大すれば円安・ドル高になる。

③ × 1ドル＝360円に設定されていたのは，ニクソン＝ショックのあった1971年まで。

④ × 1ドル＝100円が110円になるのは円安。また円高時は輸入有利，輸出不利になる。

⑤ × 日本の輸入が増加すると，代金支払いのため円売りドル買いが増加する。したがってドルの需要が増え，円安・ドル高となる。

答 ①

No.12

A × 円高傾向ということは，円の需要が多く，ドルの需要が少ないということ。そこにドル売りでドルを供給しても，ますます円高になるだけである。

B ○ ドル買い＝円売りになるので，通貨供給量は増加する。

C ○ 外貨準備高は，国が保有している外貨や債券，金などの合計額のこと。円高抑制のために円売り・ドル買い介入を行えば，外貨準備高は増加し，逆に，円買い・ドル売り介入を行えば外貨準備高は減少する。

答　③

No.13

① ×　円安になると，輸入品価格が上昇するので，国内物価を引き上げる。円高の場合は，その逆となる。

②③ ×　変動為替相場制は，為替レートが常に変化するので，海外の預金価値や海外で得た賃金は，固定為替相場制より不安定になる。

④ ×　日本からアメリカへの輸出が増大すると，日本では代金として受け取ったドルが増加し，そのドルを円に替えようとするために円需要が高まり，円高の方向に向かう。

答　⑤

No.14

① ×　これは国際労働機関の英略称。

② ×　1949年ソ連を中心に結成された，経済協力機関。

③ ×　これは国際通貨基金の英略称。

④ ×　新興工業国とよばれる国々の英略称である。

⑤ ○　関税及び貿易に関する一般協定。現在はWTO（世界貿易機関）に発展している。

答　⑤

No.15

① ×　国際通貨基金。国際通貨問題に関する協議・協力機関。国際収支の赤字国へ短期的な融資も行う。

② ×　国際復興開発銀行。世界銀行ともいう。戦災の復興や発展途上国の開発のための資金を長期的に融資する。ただし，返済条件は厳しい。

③ ×　経済協力開発機構。先進国の経済協力組織。下部機関のDAC（開発援助委員会）を通して発展途上国への援助も行う。

④ ×　国連貿易開発会議。南北問題の解決を図るための国連の機関。

⑤ ○　国際開発協会。第二世界銀行ともい

う。

答　⑤

No.16

① ×　国連貿易開発会議，南北問題の解決を目指して設立された国連の機関。

② ○　OECD（経済協力開発機構）の下部機関。開発援助委員会。

③ ×　アジア開発銀行。アジア太平洋地域の発展途上国への開発資金を融資するための国際銀行。

④ ×　国際金融公社。発展途上国の民間企業への融資を行う。

⑤ ×　国際協力機構。国際協力を行うための独立行政法人。青年海外協力隊の派遣などはここが行う。

答　②

No.17

ブレトン＝ウッズ協定に基づき設立された国際機関は，国際通貨基金（IMF），国際復興開発銀行（IBRD）である。1944年に連合国44カ国の代表が集まって開かれた会議によって，戦後の新しい国際通貨金融制度の運営方針が決められた。この時に締結されたのが「ブレトン＝ウッズ協定」であり，これによってIMFとIBRDが設立された。

答　⑤

No.18

① ○　国連貿易開発会議

② ×　経済協力開発機構

③ ×　国連児童基金

④ ×　国連教育科学文化機関

⑤ ×　国際通貨基金

説明文に該当するのは①

答　①

No.19

石油輸出国機構：OPEC

経済協力開発機構：OECD

アジア太平洋経済協力：APEC

欧州連合：EU

世界貿易機関：WTO

答　③

No.20

EC は 1967 年にフランス，イタリア，ドイツ，オランダ，ルクセンブルク，ベルギーの 6 カ国により発足。以後，1973 年にイギリス，アイルランド，デンマークが加盟。1981 年にギリシャ，1986 年にスペイン，ポルトガルが加盟。1993 年に EU に発展した後，1995 年スウェーデン，フィンランド，オーストリアが加盟。また 2004 年にエストニア，ラトヴィア，リトアニア，ポーランド，チェコ，スロヴァキア，スロヴェニア，ハンガリー，キプロス，マルタの 10 カ国が，2007 年にはルーマニア，ブルガリアが，2013 年にはクロアチアが加盟したが，イギリスが離脱し，現在 27 カ国で構成されている。

答　⑤

No.21

④のこれら 4 カ国は EFTA（欧州自由貿易連合）の加盟国。EU（欧州連合）加盟国は 2023 年 9 月現在で 27 カ国で，ドイツ・フランス・イタリア・ベルギー・オランダ・ルクセンブルク・スペイン・ポルトガル・オーストリア・スウェーデン・フィンランド・デンマーク・ギリシャ・アイルランド・キプロス・チェコ・エストニア・ハンガリー・ラトヴィア・リトアニア・マルタ・ポーランド・スロヴァキア・スロヴェニア・ルーマニア・ブルガリア，クロアチア。

答　④

No.22

①③⑤　×　EU に加盟していて，ユーロを使用している。

②　×　EU に加盟していない。

答　④

No.23

①　×　1648 年，三十年戦争の終結にあたり結ばれた。三十年戦争は，ローマ教皇の各国への干渉を肯定する旧教徒と，否定する新教徒の戦いだったが，新教徒側が優勢であり，その結果ウェストファリア条約でローマ教皇の各国への干渉が否定され，他のものの干渉を受けない主権国家が誕生した。

②　×　1992 年調印。1993 年発効。これにより EC（欧州共同体）は，それまでのヨーロッパの経済的統合ばかりでなく，政治的な統合をも目指す EU（欧州連合）となった。マーストリヒト条約は欧州連合条約ともいう。

③　×　1919 年。第一次世界大戦の終結のために結ばれた。

④　○　マーストリヒト条約を改正したもの。安全保障問題についての決議方法がそれまでの棄権の認められない全会一致方式だったが，棄権の認められる全会一致方式に変わった。

⑤　×　1985 年。いわゆる「オゾン層保護条約」である。

答　④

No.24

⑤のニース条約である。そもそも EU の憲法ともいえる条約が 1958 年に発効したローマ条約（欧州共同体設立条約）。これに通貨統合規定の大幅加筆，共通外交，安保政策などを新たに加えたのが 1993 年に発効したマーストリヒト条約。これを改正したのが 1999 年発効のアムステルダム条約と 2003 年発効のニース条約。

答　⑤

No.25

①　×　EC（欧州共同体）が 1993 年に市場統合を行い，その結果，マーストリヒト条約が発効して EU（欧州連合）が発足したのである。したがって市場統合はすでに行われている。

②　○　ECB と略されている。

③　×　ECU（欧州通貨単位）から EURO（ユーロ）に名称変更。EURO は 1999 年

１月から導入された。

④　×　EFTA（ヨーロッパ自由貿易連合）は，ノルウェー・スイス・リヒテンシュタイン・アイスランドの４カ国で存続している。

⑤　×　改正された条約をアムステルダム条約という。1997 年調印，1999 年発効。

答　②

No.26

①　×　商品の価値は，その商品の生産に投入された労働量によって決まるとする説。

③　×　特定品目の輸入が激増することによって，自国の産業に重大な損失を与えられるか，その恐れがある場合，その品目に対して輸入制限を行うこと。

④　×　売り切れのこと。

⑤　×　他国との競争に勝つために，商品を国内価格よりも不当に安い価格で輸出すること。

答　②

No.27

輸出奨励金，補助金により輸出品の価格が低くなると，輸入先の国内産業が打撃を受けるため，これを相殺する目的で課される関税のこと。

答　①

No.28

①　×　これは GATT に関する記述である。1995 年に GATT が発展解消する形で設立されたのが WTO（世界貿易機関）。

②　×　これは IBRD（国際復興開発銀行）に関する記述である。

③　×　現在の国際通貨はアメリカドルである。

⑤　×　ニクソン＝ショックが起こったのは，1971 年。

答　④

No.29

①　×　自由貿易の促進を目的に 1948 年に発足したのは，GATT（関税及び貿易に関する一般協定）である。WTO（世界貿易機関）は 1995（平成７）年１月に GATT が発展解消されて移行した正式な国際機関である。

②　×　円の通貨価値が上がることが円高である。

③　×　国際通貨とは，国際間の経済取引きの支払手段および流通手段として使われる通貨のこと。現在は事実上，アメリカドルがその役割を果たしている。

④　×　現在，世界のほとんどの国は変動為替相場制を採っている。固定為替相場制は第二次世界大戦後のブレトン＝ウッズ体制（IMF 体制）の下で採用されていたが，ドル危機（ニクソン＝ショック），スミソニアン体制を経て 1973 年に変動為替相場制に移行した。

答　⑤

No.30

①　×　APEC（アジア太平洋経済協力）は，世界全域の経済ブロック化に対抗して，より開放的な自由貿易圏を作ることを目指して設立されたアジア太平洋諸国の政府間公式協議体。加盟国にアメリカや日本があることから，「発展途上国が先進工業国に経済的に対抗するための組織」という記述はおかしい。

②　×　NAFTA（北米自由貿易協定）は，アメリカ・カナダ・メキシコの３カ国で結ばれた自由貿易協定で，関税などの通商上の障壁を取り除くことを目的としている。「労働力の自由な移動を法的に保障」してはいない。

③　×　MERCOSUR（南米南部共同市場）は，1995 年１月に発足した。現在，ブラジル，アルゼンチン，ウルグアイ，パラグアイ，ベネズエラ，ボリビア（※）の６カ国からなる自由貿易協定。（※ボリビアは現在議決権はない。）「域内における中央銀行の設立」は，今の段階ではない。

⑤　×　EFTA（ヨーロッパ自由貿易連合）は，フランスとドイツを中心に設立された

ヨーロッパ経済共同体（EEC）に対して、これに脅威を感じたイギリスが、スウェーデン・ノルウェー・デンマーク・オーストリア・スイス・ポルトガルとともに結成した。その後、加盟国の EC, EU 加盟が進み、存在意義が薄れている。　　　　答　④

No.31

①　×　南北問題とは、先進工業国と発展途上国の経済格差の是正をめぐる問題のこと。発展途上国間での経済格差の拡大と摩擦のことは、南々問題という。

②　×　この説明は、GATT ではなく UNCTAD（国連貿易開発会議）についてのものである。

③　○　先進国は、安定的な経済成長・発展途上国への援助の促進を目的とする OECD（経済協力開発機構）を発足させ、経済援助に関する政策調整のため DAC（開発援助委員会）を組織し、ODA と民間資金を中心とする経済協力を行っている。正答。

④　×　韓国・台湾・香港・シンガポールは 1970 年代に経済成長を遂げ、1980 年代にも持続的な成長を続けている。

⑤　×　2022 年の ODA（政府開発援助）の拠出額世界第 1 位はアメリカである。
　　　　答　③

No.32

1964 年の UNCTAD（国連貿易開発会議）第 1 回総会は、発展途上国が先進国に経済上の要求を提出する場となった。
「プレビッシュ報告」では、「援助より貿易を」のスローガンの下、先進国は発展途上国からの輸入品については、一般特恵関税で関税率を定めるよう求められた。発展途上国からの輸入品には低い関税率を適用し、できるだけ安く、たくさん先進国内で売らせてもらいたいということである。これは、ある国に何らかの恩恵的な措置を行うなら、他の国々にも同様にしなければならないという最恵国待遇の原則の例外となるものである。

さらに、農産物などの一次産品の輸出に頼らざるを得ない発展途上国のために、一次産品の価格安定（価格の下落を防ぐ）要求が行われた。
また、この総会では、先進国の発展途上国に対する援助目標は、GNP の 1 ％と決定された。
　　　　答　⑤

No.33

ア　×　鉱業分野では石油の 8 大メジャー、農業では 5 大穀物メジャーなどがある。多国籍企業は製造業に限ったことではない。

イ　×　多国籍企業は子会社に現地の法人格を持たせるため、製品を輸入すると国際収支に算入される。

したがって、⑤が正しい。
　　　　答　⑤

No.34

A　×　円やユーロを売ってドルを買うと、ドルの需要が高まりドル高になる。

B　○　アメリカが金利を引き上げ、日本が金利を引き下げると、投資用の資金がアメリカに向かうため、ドル買いが進む。したがってドル高になる。

C　×　内需の抑制は輸出増進、輸入削減、内需の拡大は輸入増進、輸出削減を促す。したがって、黒字国は内需を拡大し、赤字国は内需を抑制しなければならない。

D　○　財政支出の拡大によって、自国の景気が拡大し、輸入が増加する。一方、財政支出の削減は自国の経済を抑制し、輸入を減少させる。よって黒字国は財政支出を拡大させ、赤字国は財政支出を削減すれば、経常収支の不均衡が調整される。

以上から、誤っているのは A と C の 2 個。
　　　　答　③

No.35

①　×　固定為替相場は 1 ドル＝100 円とは限らないし、一切動かないとも限らない。日本では 1 ドル＝360 円でスタートした固

定為替が，１ドル＝308円に切り上げられたことがある。

③　×　ニクソンが金とドルの交換停止を発表，それに伴う世界的経済混乱がニクソン＝ショック。

④　×　プラザ合意はドル高の是正をすることで合意したもの。

⑤　×　ウルグアイ＝ラウンドはGATTの関税引き下げ交渉。二国間交渉ではなく多国間交渉。

答　②

第6章　日本の経済

（問題，本文94ページ）

No.1

戦後，経済民主化政策の１つとして財閥解体を行った日本は，独占形態を排除するために「E　独占禁止法を制定」した。そのことによる企業間競争の高まりや高い貯蓄率，義務教育制度による良質な労働力の供給，消費水準の向上などに支えられ，日本は1960年代，「B　高度経済成長」期を迎えた。

しかし，1973年に「A　第一次石油危機」が起こり，資源の海外依存度が高い日本に大きな影響を与えた。その結果，翌年，日本の実質経済成長率は戦後初めてマイナスとなった。

省エネ・省資源を目指す産業転換や企業努力によって景気が回復した日本は安定成長期を迎えた。特に円安・ドル高を背景とした輸出が拡大し，貿易黒字額は世界でもトップクラスになった。

ところが，このことが貿易摩擦問題に発展し，1985年の「C　プラザ合意」によって円高が急速に進むと，輸出産業を中心に円高不況に陥った。政府は内需主導型経済への転換による景気回復を図り，超低金利政策を実施した。

この資金は企業の設備投資以外にも向けられ，土地や株式への投資が盛んになった。これによってバブル景気がもたらされるが，そもそも実体がない異常な好景気だったため，政府が金融引締め政策に転じると「D　バブル景気は崩壊」し，平成不況とも呼ばれる長い不況期が訪れた。

したがって，E→B→A→C→Dの順。

答　④

No.2

①　×　傾斜生産方式はインフレの原因となった。

②　×　ドッジ＝ラインは，復興金融公庫の融資を廃止した。

④　×　朝鮮戦争は米軍の特需により日本の

経済復興への足がかりとなった。

⑤　×　国民所得倍増計画を発表したのは，池田内閣である。

答　③

No.3

国民所得倍増計画を打ち出したのは，池田勇人内閣である。

答　⑤

No.4

経済の二重構造とは，一方において近代的大企業が，他方では零細な中小企業が存在し，様々な点で大きな格差が見られること。高度成長の要因にはなりえない。

答　⑤

No.5

②　×　四大公害訴訟（水俣病・新潟水俣病・四日市ぜんそく・イタイイタイ病）は1960年代末に訴訟が提起されている。公害が深刻化する中で，1967年公害対策基本法が制定され，1971年には環境庁が設置された。

③　×　「三種の神器」とは白黒テレビ・洗濯機・冷蔵庫のこと。自動車は3C（カラーテレビ・自動車・クーラー）に含まれる。

④　×　慢性的なインフレーションが進行したことにより，物価が上昇し続けたため，国民の実質所得は経済成長のわりにはあまり伸びなかった。

⑤　×　都市への人口集中により，過疎・過密の問題が生じた。住宅・土地政策の遅れもあり地価が急上昇したため，大都市圏では住宅事情が悪化し，遠距離通勤が増加した。

答　①

No.6

①　×　当てはまる。公害が発生したため，経済成長より福祉を求める声が高まった。

②　×　当てはまる。賃金が高くなり物価が上昇した（インフレ）。そのため輸出も減っ

た。

③　×　当てはまる。重化学工業化の完了により，設備投資もひと段落してあまり行われなくなった。

④　×　当てはまる。ニクソン＝ショック（金とドルの交換停止，輸入品に対して関税の他に10％の課徴金をかけたこと）や，それに続くスミソニアン協定で円が切り上げられた（円高にされた）ことでの輸出の減少。

⑤　○　当てはまらない。正しくは第一次石油危機である。原油価格が4倍に引き上げられ，生産費が高くなったことによるインフレと，それを抑制するために行った総需要抑制策によるデフレが同時進行する，いわゆるスタグフレーションが発生した。

答　⑤

No.7

①　×　カネやモノの流れが，世界規模で行われるようになってきたことを指す言葉である。

②　×　グローバル化や賃金・税負担の格差などの理由から，日本にある工場などが海外へ移転し，日本の地域経済などが低下することを指す言葉である。

③　○　資金を証券投資や不動産などで運用して利益を上げる方法のこと。「財務テクノロジー」の略語。

④　×　競売や入札の際に，入札者同士が事前に話し合いをして，入札価格などを協定すること。

⑤　×　デフレ時において財に対するお金の価値が相対的に上昇し，消費者が財の購入を控えるようになる行動のこと。

答　③

No.8

①　×　G5（日・米・独・仏・英の先進5カ国財務相・中央銀行総裁会議）は「円高・ドル安」に為替相場を誘導した。

②　×　輸出産業が打撃を受け，輸入産業が円高差益を蓄積した。

— 38 —

③　×　日本が強い円を背景にアメリカ企業の合併・買収を進めた。

④　×　資産インフレは，株価や地価が高騰すること。暴落したのなら資産デフレである。

⑤　○　不良債権とは貸した金が回収できなくなった債権のことである。

答　⑤

No.9

鉱物性燃料（石油や天然ガスなど）は輸入超過となっている。日本は資源が乏しいこと，鉱物性燃料に原油や天然ガスが含まれていることが分かれば，比較的容易な問題。

答　②

No.10

①　×　企業の海外進出は，製造業で最も多く見られる。

②　×　進出理由はコストの軽減，つまり安価な労働力を用いることにあるので，現地での雇用がほとんどである。

③　×　「産業の空洞化」とは，国内産業の海外進出により国内産業が空洞化し衰退すること。製造業の海外進出が多いので，製造業でよく見られる。

④　×　アジア諸国が最も多い。

答　⑤

No.11

A：中小企業
B：二重構造
C：賃金
D：ベンチャービジネス

中小企業の抱えている生産性・賃金などの格差についての問題である。また同時にメカトロニクス・生命工学などの小規模頭脳集団の動きについての質問である。

答　⑤

No.12

①　×　「暫定予算」ではなくて「補正予算」。暫定予算は，新しい年度が始まる前に予算が成立していない場合に必要な範囲で暫定的に作る予算のこと。

③　×　赤字国債発行の問題点には，国債費の増大による財政の硬直化，世代間の不公平，インフレの危険性などが挙げられる。したがって「物価」は「上昇」する。

④　×　租税は，国家がその財政需要を満たすために強制的に徴収するものであり，政府の提供するサービスの対価ではない。

⑤　×　財政投融資とは，郵便貯金・年金積立金などを原資として，政府が必要な政策を実現するために行われる投資や融資のこと。2001年の改革で郵便貯金・年金積立金などの資金を資金運用部に預託していた制度が廃止され，それらの資金は担当官庁が自主運用するようになった。

答　②

No.13

①　○　自主流通米とは，農家から政府を通さず直接消費者に流通させる米である。

②　×　牛肉・オレンジの自由化は，1991年に日米間で実現した。ウルグアイ＝ラウンドで実現したのではない。

③　×　部分的に自主流通米も創設された。

④　×　生産者米価を高くし，消費者米価を低くしたため「食管赤字」が生まれた。その状況を打開するために始まったのが1970年代の総合農政である。

⑤　×　逆に，経営規模が零細化し，生産性は低下した。

答　①

第3編　倫理・社会

第1章　労働関係

No.1

②の労働争議の処理は労働関係調整法に規定がある。

答　②

No.2

労働基準法は，労働条件の最低基準を規定したものである。不当労働行為の禁止規定は，労働組合法に規定されているものである。

答　③

No.3

労使協定により，年5日分を限度として年次有給休暇を時間単位で取得することが可能になった。それ以外はすでに労働基準法に定められている。

答　④

No.4

① ×　このような法はない。労働基準法の中で，男女同一賃金は定められている。

② ×　このような法はない。1979年に女子差別撤廃条約が採択され，日本はこの条約に1985年に批准した。それによって1985年に男女雇用機会均等法が成立したのである。

③ ×　労働条件の最低基準を定める法である。本法と，労働組合法，労働関係調整法を合わせて，労働三法という。

⑤ ×　このような法はないが，セクハラの防止に関しては男女雇用機会均等法の中に規定がある。

答　④

No.5

A：40　B：8　C：6　D：45

労働基準法の基礎知識である。

答　②

No.6

⑤　使用者は，児童が満十五歳に達した日以後の最初の三月三十一日が終了するまで，これを使用してはならない（労働基準法第56条第1項）。

したがって，令和4年4月20日に満15歳になった少年は，令和5年4月1日にならないと雇用できない。

答　⑤

No.7

A：ユニオンショップ　B：尻抜けユニオン

雇用者と組合員資格の関係を規定し，労働組合の団結権を強化する目的で結ばれた協約をショップ制といい，クローズドショップ，ユニオンショップ，オープンショップがある。クローズドショップは，労働組合員の中から雇用し，労働組合から脱退・除名となったときは解雇される。オープンショップは労働組合への加入は，労働者本人の自由で，加入・未加入で不利益を受けない。

答　⑤

No.8

クローズドショップとは，組合員以外を採用することはできない。ユニオンショップは，雇用後は必ず組合に加入しなければならない。オープンショップでは，組合への加入，脱退は自由とされている。

答　③

No.9

④の裁判所職員は団結権は認められている。

答　④

No.10

公務員とは，国家または地方公共団体の職務に従事している人。国民全体の奉仕者であるということから，行為の制限を受ける。①～④は禁止されている。

答　⑤

No.11

① 　×　労働組合に入らないことを条件として雇用すること。

② 　×　使用者は労働組合から団体交渉を申し込まれたら，正当な理由なく拒否できない。

③ 　×　使用者と意志を通じた者が組合の幹部になる恐れがあるので禁止。

④ 　×　救済申請とは，不当労働行為があった場合に，労働委員会に対して救済を申請すること。

⑤ 　○　経費を与えると，不当な買収が行われる可能性があるため，「経費を与えること」が不当労働行為に当たる。

答　⑤

No.12

日本では慣習的に終身雇用，年功序列型賃金体系を採っていたため，一企業の従業員をすべて一組合に組織する企業別組合が結成された。したがって，そのような慣習がない欧米では，このような組合形態は見られない。

答　①

No.13

① 　×　戦前の日本では，治安警察法によって労働組合運動を弾圧する一方で，1911年の工場法制定によって，不備が多いながらも労働者の保護を図っている。

③ 　×　不当労働行為とは，労働者の団結権や団体交渉権，労働組合に対する使用者の侵害行為のこと。

④ 　×　これは「黄犬契約」に関する記述。「三六協定」とは，時間外・休日労働についての協定書のことで，労働基準法第36条で定められている労使協定のこと。

⑤ 　×　国家公務員法・地方公務員法などにより，警察・消防・自衛隊員などは団結権も認められていないが，一般職員の団結権は認められている。

答　②

No.14

晩婚化，非婚化が進んでいることを考えれば，最も増加しているのは25～29歳層であることが考えつく（昭和50年：42.6%→平成30年：83.9%）。

答　③

No.15

A：50%前後

B：25～29歳層

C：M字型

日本では，結婚や出産によって一度離職し，子育てが一段落した後パート就労などに就くことが多いため，曲線がM字カーブを描くという特徴があったが改善されつつある。

答　①

No.16

① 　×　日本は数値が低く，世界の上位100位以内にも入っていない。

② 　×　1997年の労働基準法改正（1999年4月1日施行）により，女性の深夜労働も認められるようになった。

④ 　×　育児休業期間の延長は，男女問わず認められる。

⑤ 　×　職種による賃金差は認められる。

答　③

No.17

ア，イ，ウすべて正しい。

答　⑤

第2章　社会保障制度

（問題，本文107ページ）

No.1

1942年に出された「ベバリッジ報告」に基づくイギリスの社会保障制度を表す言葉。

答　⑤

No.2

② ×　ベバリッジ報告は，1942年にイギリスの社会保障制度改革委員会委員長のベバリッジが作成した報告書。これによってイギリスでは，全国民を対象とする「ゆりかごから墓場まで」といわれる統一した社会保障制度が確立した。

③ ×　ニューディール政策は，1933年世界恐慌克服のためにアメリカ大統領フランクリン＝ローズヴェルトが実施した政策のこと。

④ ×　失業保険制度が完備されている。

⑤ ×　社会保障制度という点では，1874（明治7）年の恤救規則に始まる。また，1922年には健康保険法が制定されている。

答　①

No.3

②の生活扶助は公的扶助の一部である。

答　②

No.4

①の生命保険は社会保険ではない。

答　①

No.5

日本の公的扶助は生活扶助，教育扶助，住宅扶助，医療扶助，出産扶助，生業扶助，葬祭扶助，介護扶助の8つ。

答　②

No.6

福祉六法とは，以下のものをいう。
児童福祉法（1947年）
身体障害者福祉法（1949年）
生活保護法（1950年）
知的障害者福祉法（1960年）
老人福祉法（1963年）
母子及び寡婦福祉法（1964年）
したがって答えは③である。

答　③

No.7

① ×　これは年金保険の説明である。

② ×　これは労働者災害補償保険（労災保険）の説明である。

③ ×　これは社会福祉の説明である。

④ ×　これは公的扶助の説明である。

答　⑤

No.8

② ×　公的扶助の費用は，全額公費負担である。

③ ×　生活保護法は公的扶助に関する法律である。

④ ×　福祉事務所ではなく「保健所」である。

⑤ ×　世界ではじめて社会権を認めたのは，1919年に制定されたワイマール憲法である。

答　①

No.9

A　年金給付費
B　生活扶助等社会福祉費
C　介護給付費
D　少子化対策費
E　保健衛生対策費

答　①

No.10

① ×　ビスマルクによって社会保険制度が創設されたのは19世紀後半であり，生存権保障の規定をもつワイマール憲法の制定（1919年）とは時期が異なる。

② ×　「ゆりかごから墓場まで」は，イギリスの社会保障制度についていわれることである。

④　×　本文は大陸型の社会保障に関する説明である。北欧型の社会保障制度は国民の無差別平等主義を基本理念とした，階層や貧富の差に関係なく均一の保険料で均一の給付を行うという方式である。

⑤　×　アメリカには全国民を対象とする公的医療保険はなく，民間の保険会社による各種の保険が普及している。

答　③

No.11

①②　×　第1号被保険者は65歳以上。第2号被保険者は40〜64歳。第1号被保険者は理由の如何を問わず，要介護要支援状態になれば保険給付の対象となるが，第2号被保険者は，老化が原因とされる特定疾病によって生じた要介護要支援状態に対して保険給付が行われる。

③④　×　要介護認定を行うのは市町村。不服がある場合は，都道府県の介護保険審査会に対して不服申し立てができる。

答　⑤

No.12

すべて正しい。

答　⑤

第3章　青年期の心理

（問題，本文112ページ）

No.1

⑤のアイデンティティとは自己同一性のことである。自己の存在意義の確認，独自性の確認によって形成されていく。

答　⑤

No.2

①　×　ドイツ観念論の哲学者。

②　×　フランスの思想家。社会契約説を唱えた人物の一人。

③　×　アメリカの心理学者で，青年期（12〜23歳ぐらいまで）は境界人（マージナル＝マン）つまり，大人でも子供でもないと言った。

④　×　ドイツの哲学者。人間の性格を，理論的・審美的・宗教的・権力的・社交的・経済的の6つに分類した。

⑤　○　アイデンティティとは自我同一性ともいう。要するに，自分が自分であることを知ること。自分が何者であるかを知ること。青年期はモラトリアム（猶予期間），つまり，大人になるための準備期間と言ったのもこの人。

答　⑤

No.3

①　×　合理化とは，自分の失敗を都合よくごまかそうとすること。

②　×　投射とは，自分の持っている欲求感情を他人のうちにも発見する（あの人も自分と同じように思っているに違いないと思うような場合や責任転嫁する）こと。

③　×　抑圧とは，満たされない欲求を無意識のうちに抑え込もうとすること。

④　×　逃避とは，欲求が満たされない時，その問題を解決しようとしないでほかのところ（たとえば，遊びや空想）に逃げ込むこと。

答　⑤

No.4

① × （劣等）コンプレックスともいう。他者に比べて，自分が身体や能力，性格などで劣ってると思い悩むこと。

② × 劣等感の一種。他人が自分を軽蔑していると思い込むこと。

③ ○ 防衛機制の一種。欲求不満の原因となる願望や，そのことによる不安，苦しみなどを，無意識の中に押し込め，忘れてしまうこと。精神的に合理的解決が図られたわけではない。

④ × フラストレーションともいう。欲求が満たされないことで起こる，心の緊張状態のこと。

⑤ × コンフリクトともいう。複数の相反する欲求が対立し，どちらか選択できないため，身動きがとれなくなってしまった状態のこと。

答　③

No.5

⑤の退行は俗に「赤ちゃん返り」といわれる行動。周囲（特に母親）の関心を引くために発達前の段階に戻っている「退行」の典型例。

答　⑤

No.6

「ヤマアラシのジレンマ」とは，「2匹のヤマアラシが，寒いのでお互いに身を寄せ合って温めあいたいが，針が刺さるので近づけない。かといって離れると寒くてたまらない」ということから，「近づきすぎず離れすぎず，適度な距離を保つ」という，現代における対人関係を表す用語。

答　②

No.7

① ○ 昇華についての説明である。

② × 退行についての説明である。

③ × 同一視についての説明である。

④ × 合理化についての説明である。

⑤ × 逃避についての説明である。

答　①

No.8

葛藤とは，2つ以上の両立しない欲求がぶつかって，精神的に不安定な状態になること。

答　④

No.9

A：イ

B：ウ

C：エ

D：ア

答　③

No.10

A × これは「逃避」に関する説明。「反動形成」とは，抑圧した欲求と反対の行動を示すこと。

C × これは「代償」に関する説明。「合理化」とは，何かと理由をつけて自分を納得させること。

D × これは「同一視」に関する説明。

したがって，BとEが妥当である。

答　⑤

第4章　社会集団と現代社会の構造

（問題，本文117ページ）

No.1

A　×　普通選挙制の普及によって大衆社会は成立するが，有権者意識が希薄になるため，政治的無関心層が増加する。

C　×　マスコミの情報によって，個々人の意識は画一化する。

したがって，Bが正しい。

答　②

No.2

A　大衆社会とは，社会の様々な分野で平均的な人々（大衆）が中心となる社会のことである。その特徴は，大量生産・大量消費システムにより商品が画一化されるため，同じような生活様式・行動様式・ものの考え方が支配的になるというものである。政治においては，マス＝メディアの力を利用した政治的指導者の大衆操作によって動かされる危険性がある。

したがって，イが該当する。

B　情報化社会とは，モノやサービスと同様に情報が経済的な価値を持つようになった社会のことである。選択肢オで挙げられた問題点のほか，国家やマス＝メディアの情報操作による管理社会の危険性がある。

したがって，オが該当する。

C　官僚制とは，現代社会における組織の巨大化に対応して，組織を合理的・能率的に管理するために発達した仕組みのことである。その特徴は，組織の管理・運営が明文化された規則にしたがって行われ，職務と権限がピラミッド型の上下関係によって構成されていることである。

したがって，エが該当する。

なお，アは都市化の問題点，ウは核家族化の問題点に関する記述である。

答　④

No.3

マス＝メディアは，情報を選択して報道する

ため，誤った世論を形成する恐れがある。

答　④

No.4

①　×　説明文は「依存効果」ではなくて，「デモンストレーション効果」に関する記述である。依存効果とは，消費のあり方が企業の宣伝・広告によって操作されることである。

②　×　ケネディ大統領の唱えた消費者の4つの権利とは，「安全である権利」，「知らされる権利」，「選択できる権利」，「意見を反映される権利」である。

④　×　食品安全委員会は，農林水産省ではなく内閣府に設置されている。ここでいう「リスク分析」とは，健康への悪影響の発生を防止または抑制する科学的手法のことで，食品安全委員会は，食品を摂取することにより人の健康に及ぼす影響について科学的に評価することを目的に設置された。

⑤　×　契約の種類によってクーリングオフの期間は異なる。訪問販売などは8日以内，連鎖販売取引（マルチ商法）などは20日以内ならば，申込の撤回・契約の解除ができる。

答　③

No.5

①　×　駅前などでアンケート調査などを装って近づき，営業所などへ誘い出し強引に契約させる。

②　×　「特別サービス」を匂わせる電話やはがきで呼び出して，教材などを売りつける。

③　×　注文していない商品を送りつけ，代金を請求する。

④　○　一定の条件下で，消費者からの一方的な契約解除を認める制度。悪徳商法などに対する，消費者側の防衛手段。

⑤　×　漢字で書くと「士商法」。資格商法ともいう。資格取得の講座や通信教育の受講を勧められ，曖昧な返事をした消費者を勝手に「申し込んだ」ものとして受講料な

どを請求する。

答　④

No.6

①　×　製造物責任法（PL法）によって，製造者に賠償責任を追及できる。

②　×　商品テストが行われることはあるが，新しい耐久消費財の商品テストが義務づけられているわけではない。

③　×　通信販売はクーリングオフの適用除外項目である。

⑤　×　実際に会って商品を購入するわけではないので，トラブルは増加する可能性が高い。

答　④

No.7

⑤が誤っている。地方においても，各中核都市への機能集中が顕著である。

答　⑤

No.8

②　×　産業が衰退すると，住民が減り，土地需要が減少するため，宅地の地価も下落する。

③　×　鉄道が開設されれば，周辺の土地需要が増加するため，地価は上昇する。

④　×　常住人口が減少しても，地価が一気に下落することはない。

⑤　×　人口の流入によって土地需要が増加するので，地価は上昇する。

答　①

No.9

少子化の要因はいろいろと考えられるが，直接的な要因としては

1．女性の晩婚化と独身志向の強まり
　＝初婚年齢が上昇することで子供を産める期間が短縮し，また未婚女性が増加することで出産しない女性が増える。

2．子育てに要する負担の増大や女性の社会進出に対応する育児支援の立ち遅れ
　＝妊娠・出産の人為的抑制を導くような社

会的経済的要因が考えられる。

他の記述も何らかの形で影響を与えている可能性があるが，少子化の直接的な要因とまでは言い切れない。

したがって，ア，カ，キが正しい。

答　③

No.10

①　×　逆に減少し続けている。

②　×　今現在は40歳である。

③　×　国，地域別に見ると女性は世界第1位だが，男性は世界第4位である。

④　○　令和4年現在29.1％で，世界で最も高い。

⑤　×　急激に減少していないし，「高齢者賃貸住宅住居促進法」という法律もない。

答　④

No.11

NGOとは非政府組織のこと。

①　×　正しい。国際的な人権擁護活動を行うNGO。

②　×　正しい。国際的に環境保護に取り組むNGO。

③　○　誤り。PKOは国連平和維持活動の略で国連安保理もしくは総会で派遣が決定され，加盟国が要員を提供するのでNGOとはいえない。

④　×　正しい。ICRCは赤十字国際委員会の略。戦時における，傷病者や捕虜の保護を目的とするNGO。

⑤　×　正しい。災害や紛争に際し，緊急医療援助を行うNGO。

答　③

No.12

①　○　テンニースは，基礎集団をゲマインシャフト，機能集団をゲゼルシャフトと分類。結合意志に基準を置く。

②　×　クーリーは，接触度に基準を置き，基礎集団を一次集団，機能集団を二次集団と分類。

③　×　マッキーバーは，共同関心に基準を

置き，基礎集団をコミュニティー，機能集団をアソシエーションと分類。

④⑤　×　サムナーは，帰属意識に基準を置き，基礎集団を内集団，機能集団を外集団に分類。基礎集団とは，自分が生まれたときから所属が運命づけられている集団で，家族や村落など。機能集団は，特定の目的を持って形成された集団で，会社，政党などがある。

答　①

No.13

人口変動のパターンとしては，まず出生率，死亡率ともに高い「多産多死型」からスタートする。近代化の進展によってまず（A　出生）率が増大し，経済社会の発展とともに医療の普及や，栄養状態の改善によって（B　死亡）率が低下し，多産少死型へと変化する。次いで，高い水準にあった（C　出生）率が低下するようになり，少産少死型へと変化していく。

わが国も西ヨーロッパ諸国と同様，（D，E　死亡）率と（F　出生）率が低下する人口転換が見られ，高齢化が進行している。

よって，出生がA，C，F，死亡がB，D，Eである。

答　②

No.14

スプロール現象は地価の安い場所を求めての無計画な宅地造成によって起こる。なお，②はドーナツ化現象のこと。

答　③

No.15

①　×　世界人口は1950年に約25億人，約64億人に到達したのは2005年，2022年には80億人を超えた。

②　×　マルクスではなく，マルサスがその著書『人口論』で唱えた考え方である。

③　○　工業・商業・サービス業などの第2次・第3次産業を都市産業というが，発展途上国では雇用の吸収力の大きいこれらの

産業が未発達であるため，定職に就けない人々が多く，都市のスラム化が進むことになる。

④　×　先進国では，死亡率の「低下」および出生率の「低下」によって少産少死が定着している。

⑤　×　中国は1979年より「1人っ子政策」を実施してきたが，2016年1月1日以降，すべての夫婦が2人の子どもを持つことを認め，1人っ子政策は終了した。

答　③

No.16

ア　×　発展途上国は「多産多死」から「多産少死」の状態になった。

イ　×　中国やインドでは，人口抑制政策が採られている。

ウ　×　国連人口基金の創設や人口開発会議の開催など，関与している。

したがって，全て誤り。

答　⑤

No.17

①　×　公害関連費用は，損害賠償，補償も含めて，公害を発生させた企業が負担するという，「汚染者負担の原則」のこと。

②　×　生物相互の関係や生物と自然との関係を研究する「生態学」のこと。

④　×　環境破壊から自然を保護するために，住民などが土地を買い取る制度のこと。

⑤　×　有機塩素系化合物の一種。

答　③

No.18

PPPが正しい。公害費用の「汚染者負担の原則」という。

答　①

No.19

①　×　イタイイタイ病の原因物質。

②　×　水俣病の原因物質。

③　×　人体へ様々な悪影響を及ぼす，非常に毒性の強い物質。ベトナム戦争時にアメ

リカが使用した「枯葉剤」に含まれており，障害を持つ子供の出生が増加するなどの被害が見られた。

④ ○ 酸性雨は，自動車の排気ガスや工場の排煙などに含まれる窒素酸化物や硫黄酸化物が，水と反応して硝酸や硫酸となって地上に降ってくる雨などのことをいう。

⑤ × 地球の温暖化をもたらす，温室効果ガスの代表的気体。

答 ④

No.20

③のイタイイタイ病である。骨がもろくなり，ほんの少し動いただけでも骨折し，患者が「痛い，痛い」と叫んだところから，「イタイイタイ病」と名付けられた。

答 ③

No.21

「典型七公害」とは，公害対策基本法に定義された7つの公害のことで，大気汚染，水質汚濁，土壌汚染，騒音，振動，悪臭，地盤沈下のことをいう。

答 ③

No.22

① ○ 1997年に地球温暖化防止京都会議で採択された，温室効果ガスの削減目標値などを定めた議定書。

② × 1988年に採択された，酸性雨の原因となる窒素酸化物削減に関する議定書。

③ × 1971年に採択された，湿地の保全を目的とした条約。

④ × 1987年に採択された，オゾン層を破壊する物質に関する取り決め。

⑤ × 1973年に採択された，絶滅のおそれがある野生動植物の保護を目的とした条約。

答 ①

No.23

① × 関係がある。「持続可能な開発」という地球サミットのスローガンに基づき，

21世紀に向けた環境保全のあり方をさす原則を掲げている。

② ○ 関係ない。1985年に採択された。

③ × 関係がある。「温暖化防止条約」ともいう。温室効果ガスの濃度を安定させ地球温暖化を防止するための条約。1997年12月，京都での会議で，先進国は，温室効果ガス排出削減の数値目標を定めた。発展途上国の温室効果ガス排出削減の数値目標は，反発が多く定められなかった。

④ × 関係がある。森林の保全についての宣言。

⑤ × 関係がある。多様な生物を保全・利用することを目的とする条約。

答 ②

No.24

① × 国連人間環境会議のスローガンは，「かけがえのない地球」。

② × ワシントン条約の説明。ラムサール条約は，水鳥の生息する湿地帯を保護する条約。

③ × UNEP（国連環境計画）の設立は，国連人間環境会議で合意された。

④ ○ 国連環境開発会議は「地球サミット」とも呼ばれる。このとき採決，署名された条約には，「気候変動枠組み条約」「生物多様性保全条約」「環境と開発に関するリオ宣言」「アジェンダ21（21世紀に向けた行動計画）」「森林保全等に関する原則声明」などがある。

⑤ × 京都で行われた。このとき，日本は1990年比で6％，アメリカは同7％，EUは同8％の温室効果ガスの排出削減を2008～2012年までに行うことが決定された。

答 ④

No.25

A × 温室効果ガスは，二酸化炭素（CO_2）などのことである。この温室効果ガスが化石燃料の消費などによって増大し，地球温暖化が進行する。フロンガスはオゾン層破

壊の原因物質。オゾン層が破壊されることで，紫外線の影響による皮膚がんや白内障が多発する危険性が指摘されている。

C　×　環境ホルモンは人や野生動物の内分泌作用をかく乱し，生殖機能阻害等を引き起こす可能性のある環境化学物質のことである。生殖器の異常や精子数の減少などの原因となっている。

したがって，BとDが正しい。

答　④

No.26

B　環境アセスメント法（環境影響評価法）は，国は地方公共団体だけでなく，民間の事業者による開発事業をも対象としている。

D　家電リサイクル法では，家電の廃棄時に消費者からリサイクル費用を集めることになっている。

したがって，AとCが正しい。

答　②

No.27

A　×　日本においては，火力による発電量の方が多い（なお，東日本大震災後原子力発電はほとんど行われていない）。

D　×　日本において，水力発電による発電量は10％弱，太陽光，風力・地熱などの新エネルギーによる発電は1％程度である。

したがって，BとCが正しい。

答　④

No.28

①　×　減少が期待されたが，実際には減少していない。

②　×　IC製造過程では，光化学スモッグは引き起こされない。

③　×　家庭ゴミにも有害物質が含まれているものがある（プラスチックなど）。

⑤　×　家電リサイクル法によってリサイクルが義務付けられているのは，テレビ，冷蔵庫及び冷凍庫，洗濯機及び衣類乾燥機，

エアコンの4種類。

答　④

No.29

平成は1989年1月8日以降。

A　男女雇用機会均等法成立：1985年
B　消費税率5％へ引き上げ：1997年
C　阪神淡路大震災：1995年
D　五十五年体制の崩壊：1993年
E　NTT発足：1985年
F　ロッキード事件発覚：1976年

したがって，B，C，Dが正しい。

答　③

No.30

A　×　1997年の改正で，これまで努力義務にすぎなかったものが差別的取り扱いを禁止するという規定になった。

C　×　この法律でいう「配偶者」には，婚姻の届出をしていないが，事実上婚姻関係と同様の事情にある者を含む。

D　×　選択的夫婦別姓は導入されていない。

したがって，Bが正しい。

答　②

No.31

ア：心疾患
イ：老衰
ウ：脳血管疾患
エ：肺炎
オ：不慮の事故
カ：自殺
キ：肝疾患

答　①

第5章　日本・東洋の思想

（問題，本文132ページ）

No.1

①②④⑤は正しい。③の法然は浄土宗である。

答　③

No.2

① ×　身心脱落とは，身も心も一切の執着を捨てることで悟りの境地に入ること。

② ×　絶対他力とは，何が起きてもそれは仏の力によるものであるということ。

③ ○　辻説法は，日蓮宗を広めるために日蓮が道端で行きかう人々に対して盛んに行っていた。一遍は，踊り念仏が特徴。

④ ×　専修念仏とは，もっぱら念仏を唱え続けること。

⑤ ×　題目唱和とは，南無妙法蓮華経を唱えること。

答　③

No.3

① ○　親鸞（浄土真宗）の著作。

② ○　栄西（臨済宗）の著作。

③ ○　法然（浄土宗）の著作。

④ ○　日蓮（日蓮宗）の著作。

⑤ ×　空海（真言宗）の詩や書簡を弟子が編集したもので，平安時代の作である。

答　⑤

No.4

「只管打坐」とは，ただひたすら座禅に打ち込んで悟りを得ることである。これは自力信仰の考え方である。

答　②

No.5

②の栄西は臨済宗の祖である。『正法眼蔵』を著したのは曹洞宗の道元である。なお，④の『歎異抄』は親鸞の弟子にあたる唯円の著述によるものである。

答　②

No.6

① ×　林羅山（朱子学派）の考え。「上下定分の理」という。

② ×　古学派の考え。山鹿素行，伊藤仁斎，荻生徂徠などがいる。

③ ×　中江藤樹（陽明学派）の考え。

④ ×　本居宣長の考え。「もののあわれ」とは，人の心が外のものに触れたときに起きる，しみじみとした感情の動きのこと。

⑤ ○　自分の身分や持分に満足することを「知足安分」という。

答　⑤

No.7

② ×　石田梅岩についての内容である。

③ ×　本居宣長についての内容である。

④ ×　荻生徂徠についての内容である。

⑤ ×　伊藤仁斎についての内容である。

答　①

No.8

西田幾多郎の主著『善の研究』より引用した一文である。禅の根本を実践しつつ，西洋思想を批判的に摂取し，根本的統一をなそうとした考え方である。

答　⑤

No.9

① ×　「純粋経験」「主客未分」『善の研究』などが西田幾多郎のキーワード。西洋と東洋の思想の融合を図った。

② ×　和辻哲郎も西洋と東洋の思想の融合を図った。西洋の個人主義を批判し，人と人の関係を重視した。「間柄的存在」『人間の学としての倫理学』などがキーワード。

③ ×　中江兆民は自由民権論者。ルソーの『社会契約論』の翻訳も手がけ「東洋のルソー」と呼ばれた。

④ ×　福沢諭吉「天は人の上に人を造らず…」という，この人の天賦人権論は有名。『学問のすゝめ』などの著書がある。また，他に依存しない独立自尊の精神を重視した。

⑤ ○　キリスト教徒であった内村鑑三は，

「二つの J」に命を捧げた。「二つの J」とは，Japan（日本）と Jesus（イエス）のこと。

答　⑤

No.10
『人間の学としての倫理学』を著した⑤の和辻哲郎が正しい。

答　⑤

No.11
A：西田幾多郎
「主客未分」「純粋経験」がキーワード。
B：福沢諭吉
「実学」「脱亜論」がキーワード。

答　④

No.12
内村鑑三は無教会主義の立場を採った。

答　④

No.13
A：中江兆民
B：夏目漱石
C：内村鑑三
D：柳田国男
②福沢諭吉の思想の記述はない。

答　②

No.14
通過儀礼とは，人生の転機，人間の一生の折り目に行われる儀式のこと。お七夜，お宮参り，成人式，結婚式などがこれに当たる。

答　⑤

No.15
孔子は「仁」を最高の徳目とし，「仁」の内面的な内容である「忠」（まごころ）と「恕」（思いやり）が具体的な形をとったものが「礼」だとした。

答　③

No.16
① ○　「克己復礼」という言葉の意味であ

る。
② ×　孟子の思想。孟子は，仁義にもとづく政治である，「王道政治」を理想として，武力による政治を「覇道政治」と呼んで批判した。
③ ×　老子の思想。「柔弱謙下」あるいは「上善は水の若し」という言葉の意味である。
④ ×　荘子の思想。すべてのものは対立なく平等という考えを「斉物論」と言い，自然と一体となって生きることを「逍遙遊」と言う。また，自然と一体となって生きている人を「真人」と呼んだ。
⑤ ×　墨子の思想。「非攻説」という考えである。

答　①

No.17
① ×　性即理は朱子。天から与えられた心の本体（性）は絶対正しいので，それがいつまでも正しくあるようにすべきだということ。
② ×　徳治主義は孔子。仁（心からの愛）と礼（仁を外面化する規範・作法）を重視する政治。
③ ×　性悪説は荀子。人間の本性を悪だとする。
④ ×　性善説は孟子。人間の本性を善だとする。
⑤ ○　心の中には，天に与えられた心の本体である良知（善悪を判断する力）と共に，欲望なども含まれている。したがって良知の部分を引き出していかなければならないということである。性即理に対立する考え方。

答　⑤

No.18
① ×　孔子の教えである。
② ×　荘子の教えである。
③ ×　墨子の教えである。
④ ×　人間の本性を悪としたのは荀子。
人間の本性を善としたのは孟子。
四端とは，人間の本性を善とする根拠と

なるもので孟子の教えに関するもの。

答 ⑤

No.19

① × 孔子は易姓革命を否定し，忠孝を通じて封建社会でいかに人間らしく生きるかを模索した。

② × 孔子は先人に学ぶことと自ら考えることのバランスを強調しており，盲目的に先人にならえとは言っていない。

③ × 孟子の性善説によれば，徳治主義により社会は治まることになる。欲望を抑えるという発想は，荀子の性悪説による。

⑤ × 無為自然を是とする老荘思想からは，人為的な儒家思想は否定され，作為の入らない自然な生き方を目指している。

答 ④

No.20

イスラム教の経典は『コーラン』であり，唯一神がアッラーである。この預言者がムハンマド。スンニ，シーアはイスラム教内の派閥である。

答 ④

(問題，本文139ページ)

No.1

アルケーとは万物の根源を意味している。このアルケーを水と主張したのは，「タレス」である。

答 ②

No.2

② × アリストテレスの著作，政治学の中で述べられている言葉。「人間は社会的動物である」というふうにも言われる。

③ × アリストテレスが作った学園

④ × プラトンの著作

⑤ × プラトンが作った学園

答 ①

No.3

⑤のソクラテスの弁明が正しい。その他，「国家」「饗宴」なども著している。

答 ⑤

No.4

ソフィストは相対主義。特にプロタゴラスの「人間は万物の尺度である」とする考え方が知られている。ソクラテスは，対話によって相手に無知を自覚させる問答法を用いて真理を探究した。

答 ①

No.5

① × ソフィストは，相対的な考え方をする。つまり「一概にこうとは言えない」という考え方をするので，習慣や伝統に盲従することはない。

② × 果たせた。①と共通する。

③ × 真理の相対性を主張したのはソフィストの方である。ソクラテスは真理の絶対性を主張。

④ × ソフィストは，普遍的真理を相対的な考え方で否定する。

⑤ ○ 「一概に良いとは言えない」「一概に

悪いとは言えない」という相対的な考え方が行き過ぎると，何が良くて，何が悪いかが分からなくなってしまう。その結果,「何でもあり」ということになってしまう。ソフィストは悪いと思われるものでも，その弁論術を駆使して，人々に良いと思わせるなど，詭弁を弄する者が多く出てしまったという。

答 ⑤

No.6
① プラトンの考え。
② ソクラテスの考え。
③ ソフィストの考え。特に代表的ソフィストのプロタゴラスの「人間は万物の尺度である」という言葉がこの考え方を象徴している。
④ 正答。テオリア的（観想的）生活という。
⑤ ゼノンを祖とするストア派の考え。

答 ④

No.7
① × 関係が深い。ユダヤ教の神。ヤーウェとも言う。
② × 関係が深い。イスラム教の創始者。
③ ○ 関係ない。バラモン教の聖典である。
④ × 関係が深い。イスラム教の聖典。
⑤ × 関係が深い。キリスト教成立に貢献した使徒の一人。

答 ③

No.8
② × 仏教
③ × イスラム教
④⑤ × ユダヤ教

答 ①

No.9
① × 正しい。人間の生き方の探求をしたのが，モラリスト。モンテーニュとパスカルが代表的。
② × 正しい。ソフィストは，相対主義の立場に立つ弁論術の職業的教師である。相

対主義が行きすぎて詭弁を弄することがよくあった。プロタゴラスは「人間は万物の尺度である」という言葉を残した代表的なソフィスト。
③ × 正しい。プラグマティズム（実用主義）は，ある思想が真理か否かは，その思想が生活に役立つか否かで決まるという考え方。パースに始まりジェームズを経て，デューイにより確立された。
④ × 正しい。自然哲学は，人間をとりまく自然について探求する哲学で，万物の根源を探ることが盛んに行われた。ヘラクレイトスは，万物の根源を「火」と考えた。他にも万物の根源について，タレスは「水」と言い，ピタゴラスは「数」，デモクリトスは「原子」と言った。また，ヘラクレイトスは「万物は流転する」という名言も残している。
⑤ ○ 誤り。功利主義は，行為の善悪の基準を，その行為が快楽をもたらすか否かに求める考え方である。ベンサム，J.S.ミルが代表的。ヤスパースは，各人の主体性を回復し人間らしさを回復することを目指す「実存主義」の哲学者。実存主義の哲学者としては，他にキルケゴール，ハイデッガー，ニーチェ，サルトルなどがいる。

答 ⑤

No.10
① ○ 誤り。ベーコンに関するもの。経験によって知識を得ることを重視したベーコンは，そのために種族のイドラ（幻想など），洞窟のイドラ（個人的好き嫌い），市場のイドラ（デマなど），劇場のイドラ（無批判に権威を信じる），という４つのイドラ（先入観や偏見）を排除しなければならないと考えた。デカルトは，ベーコンと対照的で，経験によらず理性で知識を得ることを重視した。
② × 正しい。白紙（タブラ＝ラサ）とは，何も経験していない人間の心は白紙，つまり何も認識していないということである。しかし，経験によって心の白紙に書き込み

が行われ，認識できるのである。

③　×　正しい。善意志とは，道徳的義務に従う意志で，カントが無条件に善としたもの。善意志があれば行為の結果はどんなものであってもよいとする。

④　×　正しい。J.S.ミルは，物質的な快楽より，精神的快楽を重視した。「満足した豚であるよりは，不満足な人間である方がよく，……」の言葉がそれを象徴する。

⑤　×　正しい。ヘーゲルは，人倫（人間の共同体や秩序）が完成されるには３つの段階があると考えた。家族（愛で結ばれた段階）→市民社会（自由・平等な個人が各自の利益を追求する段階）→国家（家族と市民社会を総合した段階）という段階である。

答　①

No.11

①　×　モンテーニュの言葉。謙虚に自分を見つめ直そうとしたため，いわば，ソクラテスのように自分の無知を自覚しようとした。

②　×　カルヴァンの考え。運命は神によって予定されているという。

③　○　神＝自然，つまり，自然は神のあらわれだという考え。

④　×　ヘーゲルの考え。人倫とは，共同体や秩序のこと。家族→市民社会→国家の順で完成するという。

⑤　×　サルトルの考え。人間は生まれたときは，その人の本質がまだ備わっていない。成長するなかで本質が備わる。

答　③

No.12

①　×　プラグマティズムの哲学者。学問や知識は人間の行動に役立つ道具であるという道具主義を主張。

②　×　プラグマティズムの哲学者。

③　×　プラグマティズムの哲学者。

④　×　経験論，社会契約説の立場に立つ思想家。

⑤　○　「知は力なり」というベーコンの言

葉の意味である。経験による知識の獲得を重視した経験論の先駆者。

答　⑤

No.13

①は新約聖書マタイ伝にある言葉。アリストテレスは「人間はポリス的人間である」という言葉を残している。

答　①

No.14

②が質的功利主義の代表者として有名なJ.S.ミルの言葉である。

答　②

No.15

①　×　人々が集まる市場でデマやうわさが流れることのたとえ。

②　×　存在しない言葉。

③　○　イドラとは，先入観や偏見のことで，ベーコンは，そのようなものを排除せねばならないと言った。

④　×　錯覚や幻想，擬人的な自然観などのことである。

⑤　×　個人的な好き嫌いで，狭い考えから生まれる偏見のことである。

①③④⑤で「４つのイドラ」という。

答　③

No.16

（ア）は「イギリス経験論の祖」「知は力なり」からF.ベーコンが，（ウ）は「大陸合理論の祖」「コギト＝エルゴ＝スム」＝「われ思う，ゆえにわれあり」からデカルトであることが分かる。

答　⑤

No.17

①　×　ベンサムなどの功利主義の考えである。

②　×　ヘーゲルの弁証法である。

④　×　パスカルの考えである。

⑤　×　デカルトの考えである。

答　③

No.18
② ×　ヘーゲルのこと。
③ ×　ベンサムのこと。
④ ×　コントのこと。
⑤ ×　パスカルのこと。

答　①

No.19
A　カントに関する記述である。カントはイギリスの経験論と大陸の合理論を統合してドイツ理想主義という新たな思想を打ち立てた。人格の尊厳と意思の自由を基調としたため，人格主義と呼ばれる。
B　ヘーゲルに関する記述である。ヘーゲルはカント以降のドイツ理想主義を発展させ，人格を持つ個人の集合的発展形態として国家を位置づけ，国家を個人より高く位置づけたところに特徴があった。
C　ニーチェに関する記述である。彼の立場は実存主義と呼ばれ，個人の努力で社会機構からの疎外を克服できるとする主張であり，サルトルやハイデッガーが同様の立場とされる。ニーチェはニヒリズムの根幹にはキリスト教的な道徳に基づくルサンチマン（弱者のねたみ）があると主張した。
マルクスはヘーゲルの精神的観念論を批判し，世界が変化する原因は物質的なものであると主張した唯物史観の提唱者である。

答　①

No.20
実存主義は自由な主体性としての実存の確立を課題とした哲学。有神論的実存主義としてはキルケゴールやヤスパースなどが，無神論的実存主義としてはニーチェ，ハイデッガー，サルトルなどがいる。

答　①

No.21
① ×　功利主義の説明となっている。実存主義は，主体性・個性の回復を目指す哲学。

② ○　有神論的実存主義は神への信仰により主体性を回復する立場で，キルケゴール，ヤスパースらがいる。無神論的実存主義は神を信仰することなく主体性を回復する立場で，ニーチェ，ハイデッガー，サルトルらがいる。
③ ×　②の解説を参照。
④ ×　実存主義の先駆者はキルケゴールとニーチェ。
⑤ ×　単独者とは，キルケゴールが重視する主体的人間。

答　②

No.22
A：ホッブス　B：ロック　C：ルソー
ホッブズの著書『リヴァイアサン』
ロックの著書『市民政府二論』
ルソーの著書『社会契約論』なども覚えておくこと。

答　②

No.23
デカルトは大陸合理論の祖であり，ロックは経験論の流れをくむ思想家である。
①はモラリスト
③はドイツ観念論　の組合せである。
④はプラグマティズム
⑤は実存主義

答　②

No.24
⑤の本居宣長は国文学者であり，熊沢蕃山は，陽明学者である。

答　⑤

No.25
① ○　著書『菊と刀』で主張した。
② ×　ドイツの哲学者。人間の性格を，文化価値の追求によって6つの類型に分けた。
③ ×　ドイツ生まれの社会心理学者。
④ ×　ドイツの哲学者。
⑤ ×　オーストリアの精神医学者。

答　①